甲子園のラガーさん

善養寺 隆一（ラガーさん）

自宅のクロークには、ラガーシャツ50枚、私服1枚。
撮影／長浜耕樹

高校野球中継を見たことがある人なら、一度は思ったことがあるだろう。
「あのラガーシャツのオジサン、誰？」

ラガーさんはいつもそこにいる。
歴史的名勝負の後ろに

甲子園のドラマとともに、ラガーさんの歴史も積み重なっていく

「ラガー魂」に、
言葉はいらない

8
8
グリーンシート

自称「俺がまだかっこよかった頃の写真」

「ウーン、無の心境ですね」

はじめに

はじめまして、ラガーさんです。

……と言ってみたものの、たぶん、ほとんどの人が僕のことを知らないと思います。「なに？　甲子園？」と思って、この本を手にとり、ページを開いた方も多いと思います。本を開いて下さった方、僕のことを「なんだ？」と興味を持って下さった方、そういう方にまずはお礼を言わせてください。ありがとうございます！

僕は一般人です。本名は善養寺《ぜんようじ》隆一と言います。

なぜ一般人の僕がこんな、本を出せたかと言うと、人より「ちょっとだけ」甲子園の試合を多く見ているからです。僕は幼い頃から大の高校野球ファンでした。小学生の時に甲子園球場へ観戦に行き、甲子園の魅力にすっかりハマってしまいました。ちなみに僕は、東京在住です。

僕の観戦方法には、一つの強いこだわりがあります。

それは「ネット裏の、最前列で試合を見ること」です。1999年からは、春と夏の甲子園大会、全試合を甲子園で見るようになりました。最前列の席から見る高校野球は、アルプス席や外野席から見るのとでは、世界が全く違います。打球の音や、投球がミットに吸い込まれる音、監督の声や、選手の叫び声なども聞こえてきます。甲子園特有の風も、グラウンドにいる選手と同じレベルで体感できます。そんな最高の体験を、僕はいつも「ラガーシャツ」を着て観戦しています。そんなことがあって、いつからか「ラガーさん」と呼ばれるようになったのです。

毎年甲子園には、春40万人、夏80万人もの観客が集まります。年々その熱は高まっているように思います。でも、同じ席で、毎日、全部の試合を見ているのは、たぶん僕くらいではないかと思います。

「仕事は何やってるんだ?」「家族はいるのか?」など、いろいろな疑問があると思います。そんな人は、とにかく、この本を読んでみてください。

甲子園大会の裏には、もう一つのドラマがあり、人のふれあいや人情がある。そんな高校野球の魅力を、僕のつたない文章で感じ取っていただければ幸いです。

甲子園のラガーさん　目次

はじめに　10
ラガーさんって何者?　18

第1章　観戦魂編　20
・初めての甲子園観戦　22
・ダイエーで買ったラガーシャツ　27
・有名監督からの、年賀状やお手紙　33
・本物ですよ?　42
・最前席が指定席　47

・8号門クラブの仲間　53
・初取材は2010年　59
コラム1　ラガーさんを語る人　菊地高広　雑誌「野球太郎」編集者　66
第2章　おいたち編　68
・善養寺という苗字　70
・大塚中野球部時代　78
・夢も希望も何にもない高校時代　81
・高校卒業〜就職へ　84
コラム2　ラガーさん母校に帰る　甲子園ネット裏から1番応援したい学校　90

第3章　甲子園ライフ編

・ラガーさんの年間スケジュール表　93
・甲子園以外「も」ラガーさん　94
・最北のセンバツ出場、遠軽　96
・野球愛を感じた静岡・島田球場　97
・池田が見たくて、四国大会へ　98
・くまのベースボールフェスタで高橋光成投手と対面　100
・ラガーさんの1日表　101
・甲子園の朝は、戦場です　104
・「ハンカチ王子」を知らなかった　106
・甲子園〝珍〟事件　10選　116
一、甲子園値上がり事件！　121

二、休日ができてしまった事件！
三、ドロボウ撃退事件！
四、決勝引き分け再試合事件！
五、寒いにもホドがある！　事件！
六、ダフ屋の誘惑事件！
七、皇太子様に「キンコン」聞かれなくて良かった事件！
八、高校球児とふれ合っちゃいました事件！
九、高級幕の内弁当がやって来た事件！
十、小学生の自由研究にされちゃいました事件！
・「第95回全国高校野球全試合を見ているシマシマのおっちゃん」金本悠君の自由研究　134
コラム3　甲子園の味　大力食堂（西宮市甲子園町）　136

第4章　ラガーさんランキング編　137
・豪腕ベスト10　138
・記憶に残る投手ベスト5　143
・スラッガーベスト5　146
・安打製造機ベスト5　150
・名監督　154
・ベストナイン　158
・決勝名勝負10選　164
コラム4　ラガーさんに聞きたいQ&A　166
第5章　ラガーさん、冬の陣　紙上ラガー体験！ ラガーさんと行く、冬の甲子園　169

・新幹線はぜいたく。だからバス
・静寂をやぶる独り言。PAでのこなれた行動
・富士山が見えない！　その時ラガーさんは？
・長時間同じ姿勢でも大丈夫！
・街に降りても意識の高さは健在
・野宿は3、4日で馴染む。今日は仲間がいなくて寂しい

第6章　母の死　186

あとがき　192

特別付録　ラガーさんぬり絵　194
ラガーさんサイン帳　198

祝・甲子園大会連続観戦記録16年目突入！

ラガーさんって何者？

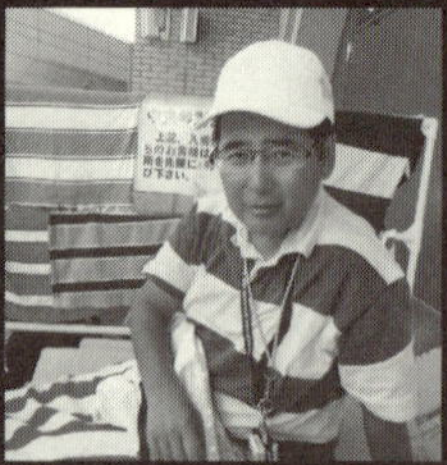

善養寺 隆一

ぜんようじ・りゅういち
48歳
168cm 70kg
左投左打
O型
B101cm
W95cm
H105cm
独身（一人暮らし）
西巣鴨小
巣鴨北中（現大塚中）
都立文京高
㈲あかぎ印刷勤務

甲子園観戦カバンの中身

雨具（カッパ・傘）、大会誌、ごみ袋、お菓子、飲み物（3ℓ）、着替え用ラガーシャツ（3枚）、タオル（2枚）（春はホッカイロ、ひざ掛け毛布）（夏はクーラーボックス、氷、うちわ）

ラガーさん最新ランキング

2014年注目の選手ベスト10

※＝第86回センバツ出場選手

1位 安楽智大（済美／投手／187cm85kg／右投左打）
やはり去年の甲子園大会で出した150km以上のスピードと迫力は魅力的。ホームランも打てる打撃は注目度ナンバー1です。

2位 高橋光成（前橋育英／投手／188cm82kg／右投右打）
去年の夏の甲子園の優勝投手です。やはり、角度のある145kmの速球とシンカーは注目だと思います。（くまのリーグの項で話しましたが、握手をしたら素振りの影響かマメだらけで手がゴツゴツしていて驚きました）

3位 飯塚悟史※（日本文理／投手／185cm76kg／右投左打）
僕の見たところでは、投手ではなく打者向きです。去年の明治神宮大会の決勝戦で打ったセンターバックスクリーンの上を越えたホームランには、驚きました。あの飛距離は、打者として絶対魅力だと思います。

4位 田嶋大樹※（佐野日大／投手／182cm73kg／左投左打）
関東大会の東海大甲府戦を観戦しましたが、左腕から繰り出す145kmの速球には球威があり驚きました。センバツに出場しますので、ネット裏からさらにチェックして活躍を見ていきたいと思います。

5位 三輪昂平（日大三／投手／176cm76kg／右投右打）
秋の二松学舎戦で前半めった打ちにあいKOされましたが、スピードは145km以上で球威がありました。投球が単調で打たれてしまいましたが、投球術を覚えたら激的に凄いピッチャーになると思います。

13年前、ダイエー甲子園店で購入したラガーシャツが
気に入って以来、観戦時はラガーシャツを愛用
甲子園連続観戦記録1209試合
ギネスブック申請（検討）中
メモ、写真、インターネット、SNS……
観戦記録は一切、残しません
甲子園では「ゆるキャラ的存在」として
野球ファンからサインや写真を頼まれる
第1試合開始から第4試合終了まで
甲子園大会中、全試合を最前列の席から観戦
東京に住んでいます
甲子園大会中は野宿。朝は4時起床、4時30分から並ぶ
甲子園8号門クラブ所属（会員約100人）
好きなビールは「ラガー」（キリン）
なんと、8月13日（甲子園開催中）が誕生日！
お気に入りラガーシャツは、赤×白（半袖）
仕事は自営業を少々……

6位

立田将太（大和広陵／投手／181㎝82㎏／右投右打）

去年のセンバツで見ました。スピードは140㎞ぐらいでしたが、見るからにボールが重そうで力強い感じがしました。大物感ある雰囲気も持っており、魅力的だと思います。

7位

末永海人（創志学園／投手／187㎝77㎏／右投右打）

くまのベースボールフェスタ（三重県熊野市）で夏の全国制覇をした前橋育英に投げた試合を観戦しました。8・0で完封勝ちして驚きました。投球内容も大型投手らしく140㎞の速球もありました。スケールが大きく結構迫力がありました。

8位

上條 将希（市立川越／投手／171㎝65㎏／左投左打）

秋の関東大会の横浜に投げた試合を観戦しました。うわさ以上に良い投手だと思いました。試合には負けましたが（0・5）小柄ながら非常にボールのキレがあり、コントロールも左腕投手のわりに良くまとまっていて、スピードも145㎞くらい出ていました。

9位

名西侑都※（投手／池田／170㎝64㎏／右投右打）

四国大会の高知東工と西条との2試合を観戦しました。スピードは130〜135㎞くらいでそれほど速くはありませんが、横に曲がるスライダーが良かったと思います。結構まとまっていて西条戦では、延長戦になり自分で勝ち越しヒットを打ち勝負強さを感じました。

10位

渕上大蔵※（二塁手／沖縄尚学／156㎝57㎏／右投左打）

明治神宮大会で見ました。大型チームの中でただ一人身長156㎝と小柄で目立ちますが、沖縄特有の身体能力に驚きました。足も非常に早くバッティングも器用で力強く体は小さいですが、今後大化けするような気がします。

「本当は乾燥機使いたいんだけど、
縮むし色落ちしちゃうんだよね〜」

第1章　観戦魂編

初めての甲子園観戦

僕が初めて甲子園球場に足を踏み入れたのは今から35年前、小6の時でした。当時、「西巣鴨イーグルス」という少年野球チームの軟式野球（センター）をやっていた僕は、野球の練習から帰ってくると真っ先にテレビの前に座り、夏の甲子園、高校野球中継を夢中になって見ている熱狂的な野球ファンでした。本当に、どこにでもいるような野球ファンだったのです。

「いつかここ（甲子園）で高校野球を見てみたいな……」

ある日の僕の独り言を、たまたま聞いていたのが、同じ野球チームのエース薄井君という友達でした。彼がその時言ったのです。

「ゼンヨウ、行こうぜ！」

え、本気で言ってる？

前の年にお父さんと「甲子園観戦デビュー」を果たしていた薄井君。僕の言葉を聞いて、甲子園へ行こうと誘ってくれたのです。

当時の僕は友達から〝ゼンヨウ〟って呼ばれていました。〝ゼンヨウ〟って呼ぶくらいなら最後の〝ジ〟まで呼んでも一緒なんじゃないかって思うんですけど、そんな僕を、薄井君はまるで近所の公園に誘うような軽い言い方で誘ってきたのです。

「じゃあ、行こうか！」

薄井君の誘いに心動かされた僕は即答で応えました。

さっそく家に帰って母親に相談すると、お財布から3万円を出して「行っておいで」と。意外とすんなりOK。僕がどこへ行こうが何をしようが動じない母親でしたから、この時もそんなに心配していませんでした。

そんな感じで、僕と薄井君の甲子園旅行が決定したのです。
甲子園へは、新幹線で行きました。のちにお話ししますが、今の僕は普段新幹線なんて「贅沢」な乗り物には乗りません。甲子園へ行くときはきまって高速バスなんです。あの頃、子供が新幹線で甲子園へ行くなんて、本当に贅沢な道楽だなって思うんですけど、とにかく勢いそのもので行ったから、バスなんて発想はなかったのです。宿は、薄井君のお父さんが当時の国鉄（ＪＲ）に務めていた関係で、大阪・梅田の宿泊施設に泊まることができました。今の僕は「オール野宿」ですから。ベッドで寝られるなんて贅沢です。季節は夏。セミの鳴き声が最盛期だったお盆の時期でした。

そして、甲子園に到着。
初めて見る甲子園は、それはもう壮観でした。
テレビで見ていた光景が眼前に広がった瞬間、体の中が熱くなって、思わず叫んだ記憶があります。

「ファウルグラウンドが大きいー！」

なんでファウルグラウンドに目が行ったのかは自分でもよくわかりません。甲子園の名物であるアルプス席ではなく、銀傘でもなく、スコアボードでもなく。なぜかファウルグラウンドに目が行ったのです。お盆で客席はほぼ満員。僕らは、三塁側の内野席のチケットを買って、一番上の席に座りました。甲子園のグラウンド全体が見渡せる一番上の席。浜風が吹いていて、気持ち良かったものです。薄井君と食べた「カチワリ氷」も忘れられません。初めて見た試合は、日体荏原（東東京代表、第58回選手権）の試合。試合の内容はほとんど覚えていないけれど、たまたま見た試合が東京の学校っていうのも縁があるなと思いました。滞在3日目は、東海大相模対小山の試合も見ることができました。当時のスター選手、東海大相模・原辰徳選手（巨人監督）のタテジマのユニホーム姿がかっこよかったことだけは覚えています。

2泊3日。男2人の友情旅行。新幹線に乗る時は少し緊張しましたが、12歳の誕生日（8月13日）を甲子園で迎えたあの夏休みの思い出は、忘れることはできません。それにしても、この観戦をきっかけに甲子園の魅力にどっぷりハマってしまうことになるとは……。

この時思ってもいなかったんですがね。

ダイエーで買ったラガーシャツ

「なぜラガーシャツを着ているの？」

甲子園などで聞かれる質問の第1位は間違いなくこの質問だと思います。

なぜ、ラガーシャツなのか。

今では僕のトレードマークにもなっているシマシマ模様のラガーシャツ。初めて着たのは２００１年の第83回選手権。西東京代表・日大三高が初優勝した年でした。

ラガーシャツを着ることに強いこだわりや、何かメッセージがあったわけではありません。たまたま甲子園球場前のダイエーで安いラガーシャツをみつけたのがきっかけです。確か２０００円くらいで買った気がします。

それまでは蛍光色のジャンパーや、単色のポロシャツを着ていたのですが、僕の座っている席の周りの人を見渡すと、同じ服の色が多かった。蛍光色や、真っ赤なTシャツなどを着ている人が多かったのです。

「これでは目立たない！　蛍光色〝以外〟の服にしよう！」

逆の発想が浮かびました。

そう思っていた所に、ダイエーでたまたま安いラガーシャツを発見したというわけです。実際、あの席周辺でラガーシャツを着ている人は誰もいませんでした。最初はなんとなく着ていたラガーシャツですが、大会中、何回洗っても長持ちするし、汗で汚れても気にならないし、愛着がわくようになりました。何年かラガーシャツを着ていると、甲子園以外の場所でも「あ、ラガーシャツの人！」と言われるようになり、見ている人にとってはインパクトが大きいのかな……と思うようになりました。

これが、僕が「ラガー化」したきっかけというわけです。

お気に入りの店も見つけました。秩父宮ラグビー場のすぐ近くにある「カンタベリーショップ青山」（東京都港区）というラグビーウェア専門店です。神宮球場に東京都大会・高校野球を見に行った時に前を通って「こんな店があるんだ、いいな！」と思って立ち寄ったのがきっかけです。

ラグビーファンご用達のラグビーアイテムがそろう店で、その品数は豊富。時間を忘れて商品を物色しているうちに、店長の田口さんとも仲良くなりまして。今では新作が入るタイミングにダイレクトメールが届く間柄になりました。

「ラガーシャツは何枚持っているの？」と聞かれることも多いです。

長袖が19枚、半袖が29枚。合計48枚です。中にはファンの方からプレゼントでいただいたものも10枚ほどあり、すいぶんとコレクションがたまったなと思います。

センバツ大会は長袖を、夏の選手権では半袖を。手持ちのラガーシャツが増えてからは、毎試合ごとに着替えるようになりました。高校のチームカラーに合わせて色を選んだりしています。甲子園でファンの人から「今日は○色ですね！」なんて言われることが増えて、つい嬉しくてテンションが上がってしまいます。

自分でも「何をやっているんだろう……」と思う時があるのですが、喜んでもらえるなら、いいかなと思っています。

2013年夏、前橋育英対延岡学園の決勝戦（第95回選手権）は、前橋育英サッカー部のユニホームカラーを意識して、「紺×黄色」のラガーシャツを着用しました。これは群馬の中学野球チーム、富岡ボーイズの佐藤さんという方からいただいたラガーシャツです。

するると、前橋育英がみごと全国制覇。勝手に「ラガーさん効果か？」と思っています。


でもちょっと、やりすぎた年もありました。

２０１２年、大阪桐蔭対光星学院の決勝戦（第84回センバツ）です。この時「１イニングごとにラガーシャツを着替える」という前代未聞の記録に挑んだのです。しかし失敗……。

着替えに（トイレへ）行く時間がなく、席で着替えたためテレビを見ている知り合いから「見苦しかった」と不評でした。サービス精神を発揮したんですが、ちょっとやりすぎだったようです。某有名監督からは電話が来て「面白かったよ！」といってもらえましたが。いやいや。

反省しました……。こう見えてけっこう傷つきやすい性格なんです。

「毎イニングお着替え」は自粛しますが、試合に合わせてラガーシャツの色を決めるというスタイルは続けていくつもりです。

自分で勝手に「勝負ラガー」と決めているお気に入りの「赤×白（半袖）」のラガーシャツは「好カード」や「特に集中してみたい試合」に合わせて着ています。昨夏だと日大三対日大山形ですね（第95回選手権）。

いい試合は記憶にも記録にも残りますからね。

ラガーシャツと合わせて、毎試合被っている黄色（蛍光色）の帽子。これは、地元の「トラヤ帽子店」（北区）で購入しています。汚れるだけでなく、甲子園の雨や風を受けてどんどん劣化するので、一大会10個は用意するんです（僕の見ている甲子園の最前列席は、銀傘の屋根が届いていないもので）。帽子は1個500円程度。今はこの帽子と、ラガーシャツが僕の「正装」。いわば「ユニホーム」のようなものです。ユニホームで甲子園に臨む、という点では高校球児と同じ気持ちなのです。はい。

有名監督からの、年賀状やお手紙

こんな僕ですが、なんと、毎年いろいろな監督、部長、チームから年賀状を頂きます。野球場でお会いした時に、自前の「ラガー印の名刺」であいさつさせてもらうのですが、その時、対応のいい監督さんは、名刺を返してくれることがあります。

これは、凄いことです。

こうして「ご縁」ができた監督さんには、こちらから手紙や年賀状を送らせていたくことがあります。

感謝と、激励の意味で一方的に送らせていただきます。すると、驚いたことに、何人かの監督さんから、お返事をもらったり、逆に激励のメッセージをいただくことがあるのです。
頂いた言葉は宝物です。

いつも年賀状を送ってくださるのが、帝京の前田三夫監督です。前田監督とは20年くらい前に学校のグラウンドへ練習を見に行ったのがきっかけで、仲良くさせてもらっています。CS放送の解説で甲子園に来たときには「ラガーさん、いつも見てますよ！」なんて気さくに声をかけてくださいます。いつも笑顔が絶えない、明るい監督さんです。

東東京の地区に住む僕としては、帝京は憧れの高校のひとつです。あのタテジマのユニホームに「Ｔｅｉｋｙｏ」の強さが表れていますよね。タテとヨコ、形態はちがえど、同じ「シマシマ」を身にまとう者としても、応援に気合が入ります。

前田監督に会う前から、僕は帝京の練習に興味をもっていました。

20年前に帝京のグラウンドに行った時は、いろんなシーンを見たものです。練習の内容は、今と違って本当に厳しいもので、前田監督の熱血ぶりも迫力満点でした。あの練習の中で、選手たちのハングリーな精神が育っていくんだと思ったものです。

前田監督からの年賀状には手書きで短く、「今年も頑張ります」と書かれてありました。まだまだ戦っている監督さんです。頑張ってほしいです。

東海大甲府の和泉淳一部長からもいただきました。

和泉部長は4年前の関東大会で、向こうから声をかけてきてくれたのがきっかけで年賀状のやりとりが始まりました。全国の有名選手の情報をお話しすると、いつも笑顔で聞いてくれます。会うたびに情報交換をさせてもらってます。

「お身体には十分気を付けて下さい」の直筆に恐縮してしまいます。

横浜高校の小倉清一郎コーチからは、今年、初めて返事がきました。「俺の住所をどうして……???」と書いてあり笑ってしまいました。僕が住所を知っていることを疑問に思ったようです。前に住所を教えてもらったんですがね。忘れていたのでしょうか。

僕はたまに神奈川県大会を見に行くのですが、バックネット裏の最前列で見ていると、いつも小倉コーチが近くにやってきて座ります。ブツブツ話している声が大きくて、いろいろと耳に入ってきます。その内容は選手のダメ出しがほとんど。選手をゼンゼン褒めません！

ここまで言う指導者は今は少ないのではないかと思います。聞こえてくるダメ出しに「なるほどな〜」と心の中で納得しつつ、それが愛情の裏返しなのではないかと、推察しています。今年も小倉さんと「一緒に」試合を見ていけたらいいなと思っています。

他にも、花咲徳栄（埼玉）、横浜隼人（神奈川）、大船渡（岩手）、都立文京（東京）、竜ヶ崎南（茨城）、元開星高校監督の野々村直通氏からもいただきました。

思えば、僕はただの野球好きなオッサンです。

しかし、こんなオッサンにまで心を配って下さる監督というのは、日ごろから部員一人一人にしっかりと目を配っている監督なんだと思います。

年賀状の話からは少しそれますが、昨年（2013年）の夏、甲子園初出場した佐賀・有田工業の植松幸嗣監督からご丁寧な封書のお手紙を頂いたときは、感激しました。植松監督に甲子園で会ったのは、開会式のリハーサルの時でした。「ラガーさんですか？」と声をかけられ、「はい、ラガーさんです！」と返事したのがきっかけです。翌日に初戦を控えているのに声をかけてくれたのです。

植松監督は物腰の柔らかい方で、「一緒に写真を撮ってください」と言ってくれました。甲子園で監督から写真を頼まれるなんて、もちろん初。今までもそんなこと一度もありませんでしたから、本当にビックリしました。しかも、その時撮った写真を、その後わざわざ僕の家に送ってきてくれたのです。

同封されていた手紙には「甲子園期間中は有田工業高校への大声援大変ありがとうございました。後日甲子園の試合を録画で見返していたら、バックネット後方から、ラガーさんの有田工に対する応援、声援を拝見し、非常にうれしく思った次第です……」とありました。

有田工は開幕初日の第1試合、大垣日大と対戦しました。創立113年でつかんだ初出場。開幕試合、いきなりの強豪校が相手で、緊張したと思います。試合はエース古川侑利君の好投もあって、逆転勝ちしました。

甲子園で試合を見る時、僕は特にどこの学校を応援するとか、誰を応援するとか、そういった気持ちで見ることはないのですが、植松監督にリハーサルでお会いしていたから、有田工の応援に、つい力が入ってしまいました。高校野球の応援ってそういうものですよね。

特に僕のように、内野席で応援しているファンなんて、何か小さなきっかけで、どちらかの応援をしたりするものです。有田工は2回戦で常葉菊川に負けてしまいましたが、ネット裏にいる僕の目の前を通って甲子園を去る時、植松監督がチラッとこちらを見て、軽く会釈してくれた時は、心からの大拍手を贈ったものです。


植松監督の手紙はこう続きます。

「また、夢の舞台、『甲子園』に招待されるチームを生徒と共に作り、ラガーさんに再会することを目標に頑張ります」

僕と再会することを目標に⁉

いや、でもとんでもない。気恥ずかしい思いでいっぱいでしたが、でも、この言葉を読んだ時、甲子園で「再会」することの意味ってなんだろうな……と考えました。

「甲子園に招待されるチーム……」

良い言葉ですよね。

そうか、甲子園に出場する選手たちは甲子園に呼ばれて、ここに集まって来たんだな。植松監督の言葉に、また一つ、教えてもらった気がします。

楽天イーグルスからドラフト指名を受けてプロへ進んだエースの古川君。これからも応援していこうと思っています。

「本を出すんですけど、監督のことを書いてもいいですか？」と聞くと「是非！」と言って下さった植松監督です（写真中央）

本物ですよ？

それにしても、このごろ、いろんな監督や指導者の方からお手紙をもらったり、声をかけていただいたり、びっくりする出来事が続いています。

何度も言いますが、僕は、ただのオッサンです。


野球場へ行くと若い女性の方から「キャー！」と歓声？（悲鳴のほうじゃない方です）のような反応をいただくようなこともあり、驚きです。

甲子園で1日のすべての試合が終わり、球場の外に出ると、いろいろな野球ファンの方が近寄ってきて、写真を撮ったり、握手を求められたり。

そしてよく言われるのが

「わーー、本物だ！」

えっ、本物って何ですか？？？　思わず笑ってしまいます。

どこかに類似品があるんですか？　って、逆に聞きたくなるくらいです。

僕って一体どんな存在なんだろう？？？

試合や選手のことをよく知ってる物知り博士のようなもの？

好きなチームをとことん追いかける、名物サポーターのようなもの？

それとも、球場にいる、ゆるキャラか何かのようなもの？

そんなことは、僕には全くわかりませんけども、ただ、近寄ってくる皆さんが笑顔になっていることについては「なんかいいな」と思うのです。

昔、愛媛に住んでいる女子高生のKさんという人から、お手紙をもらったことがありました。

かわいいレターセットで、自分の応援しているチームのことについて熱い思いを書いてくれていました。

「野球が好きなんだな……」

感心しながら読み進めていくと、文中にこんなメッセージが書かれていたのです。

「私はラガーさんを尊敬しています。（知り合いの）野球部の子が『応援はほんまに力になるで！』って言ってました。だから、ラガーさんの拍手が選手の力になっている！　応援の力は偉大だと思います。私はラガーさんと一緒に野球を見ることが夢です。いつか一緒に見ましょう。暑いですが、いつまでも元気なラガーさんでいてください……」

選手の力になっている？？

そんなこと、考えたこともなかったので、Ｋさんの言葉にビックリしました。

「もっと、頑張んなきゃなー！」

そんな気持ちになりました。

尊敬されるようなことは何もやっていませんが、こんな僕の存在が誰かに元気を与えているのは嬉しいことです。

甲子園という場所は、野球が好きな人が集まってくる場所。応援の方法や、試合の見方は人それぞれだと思いますが、勝つチームがあったり、負けるチームがあったりする中で、試合の後「ラガーさんに会った」という思い出は、心のどこかに残るかもしれません。僕に会って、「なんか変なオジサンいたなー」って笑ってくれたら、甲子園の思い出も、きっと明るい思い出になるはずです。

「わーー、本物だ！」

僕に会ったら、遠慮せず、どうか大きな声で、そう叫んでください。

ゆるキャラでもなんでもいいです。皆さんの野球の思い出の一つに加えてもらえたら、こんなに嬉しいことはありません。

最前席が指定席

中央特別自由席ネット裏自由席「A段73番」。

この席が僕の「指定席」です。

08年に甲子園内野エリアの大規模な改修工事があったので、若干の席の移動はありましたが、1999年から春夏連続全試合、ほぼこの最前列の席で観戦記録を伸ばしています。

最前列で観ているおかげで、いつもテレビに映ります。いろいろな雑誌にも載ります。いろいろな人が「あの人誰?」と気になるのも、すべてこの最前列の席のお陰だと思っています。

僕が初めてこの席に座った時のお話をしたいと思います。

今から30年ほど前。僕が高校を卒業し、社会人になる前の春、85年、第57回センバツでした。桑田真澄、清原和博選手のＰＬ学園「ＫＫコンビ人気」に沸いた大会で、スター選手が見たくて一人で甲子園に行ったのです。

開会式前夜、梅田のホテルに1泊してから、甲子園球場に向かいました。早めに出発したので、開門前の7時頃にゲートの前に到着しました。当時はほとんど人が並んでいなくて、僕以外の人は、1、2名くらい。

「1番前の席で試合を見たらどんな感じなのだろう……」

僕は緊張しながら門の前に並んでいました。開門時間が近づくにつれて、僕の後ろに並んでいる人が増えていきます。ドキドキする気持ちを抑えながら、門が開くのを待っていました。

7時00分。ゲートが開門し、球場の中へ。

高まる気持ちを抱きつつ、すべて空いている内野自由席の中から、1番前の席を選んで座りました。座った瞬間、目の前の景色に圧倒されました。それまで座っていた席からの景色とは、全く違った世界が眼前に広がったのです。

僕の席の周りを見渡すと、そこにはもう、何年も前からネット裏の席で観戦を楽しんでいる常連の〝センパイ〟がたくさんいました。僕がテレビで高校野球を見ていた時に、映っていた人たちがそこに集まっていました。

「あの赤いTシャツのオジサン知ってる！」

「この人なんか見たことある……」

それこそ、有名人に会うような感覚です。

今でこそ、そういった方と親しくなり、気軽に会話できますが、当時はそれらの〝センパイ〟の皆さんとどう接していいかわからず緊張したものです。自分で勝ち取った席、でもなんだかここに座ってもいいのかな？

という気持ちが少なからずあったことは確かです。開幕試合の津久見対東洋大姫路を見ましたが、内容はほとんど忘れてしまいました。最前列に座った興奮が上回ってしまったのです。

この春は、通し券を買って何回も甲子園に通いました。お目当てだったPLの試合ももちろん見ました。マウンドに立つ桑田投手を〝向い合せ〟で見ました。体が小柄で、それほど凄みは感じなかったのですが「オーラ」のようなものを感じました。

そしてバッター、清原。僕の席から、15mくらい先に、清原選手が立っています。肩やオシリのあたりがごつくて、体格が一人だけ、違っていました。KKコンビはこの春、渡辺智男投手（元西武）擁する高知・伊野商に敗れてベスト4でしたが、スター同士の対決を生で観られたのはいい思い出でした。

ネット越しから見る甲子園の景色は最高です。

金網に顔をつけて、ワイヤーとワイヤーの隙間から甲子園をのぞいて見ると、目の前には、誰にも邪魔されない自分だけの世界が広がります。

目の前に広がる、甲子園球場の景色すべてが、自分のものになるのです。

あの素晴らしさ、爽快感は、言葉では言い表せません。

あの席に座った人でないと、わからない感動です。


ちなみに、僕はプロ野球の試合を生で見たことはほとんどないのですが、この席で阪神戦を見ようと思ったら1席60万円くらいもかかるそうです。

しかもＭＢＳ（毎日放送）が年間シート契約で購入している席ですから、僕のような一般人には手の届かない世界の話なのです。

それが、高校野球なら、たった２０００円で１日４試合も見られる。泊まり込みで並んで、1番最初に入場すれば、この席がゲットできるわけです。ある意味「平等」に開かれた席なんです。

お金がなくても、自分の努力次第で勝ち取れる席。

それも、「A列73番」という席の魅力です。

この尊い席で、いつまで野球を見られるかわかりませんが、とにかく1日でも長くこの席で観戦できるよう、これからも頑張って「死守」していこうと思っている次第です。はい。

8号門クラブの仲間

「最前列」の席を毎年「確保」するのは、本当に大変です。

先ほど書いた通り、30年前は並んでいる人はほとんどいませんでした。開門時間に合わせて球場へ行けば、高い確率で、最前席をゲットすることができたのです。しかし、年々、開門前に並ぶ人が増えてきて……今では200人もの人が並ぶようになりました。まさに「ライバル出現」です。

なにしろ、あの席は自由席です。

先行発売で買えるチケットではありません。

15年くらい前、松坂大輔投手（横浜）が春夏連覇を達成した後くらいから、僕より先に並んでいる人がポツポツと増えてきました。

2004年ダルビッシュ投手（東北）や、涌井秀章投手（横浜）などのスター選手がいた頃でしょうか。今までのように、当日の朝にゲートに行けば大丈夫という次元ではなくなってきたのです。

「僕より先に並んでいる人がいる！」

他の人に先を越されるようになり、その人たちの様子が気になって、朝の6時頃にはホテルを出発するようになりました。

その時間が5時、4時……。電車が動く時間より早く着きたいという思いから、タクシーを使ったりもしていました。結構な出費です。

そうしているうちに、ホテルで泊まっている意味がなくなってきたのです。

「それなら、甲子園の門の前で野宿しよう！」

そう。単純にそう考えるようになりました。10年くらい前の話です。

これが僕が甲子園で野宿をするようになったきっかけです。

センバツ12日間、選手権15日間。僕と同じような考えで、甲子園で寝泊まりしたり、早朝に来て並んだりする仲間がいます。

高校野球ファンの間ではおなじみで「8号門クラブ」と呼ばれています（別名「熱闘裏（ねっとううら）甲子園」）。僕もそのメンバーの一人です。

グループの始まりは1990年ごろと言われています。下は大学生から、上は70代まで。約100名のメンバーで結成されています。住んでいる所や、仕事はバラバラですが、甲子園の季節になるとここに集まる。期間限定のファミリーのような関係です。

絆の強い集団ですから、仲間に入れてもらうまでが大変です。観戦マナーはもちろん、「8号門前では、持ち場を2時間以上離れてはいけない」という暗黙のルールがあり、ルールを乱すような人は、仲間に入ることはできません。誰でも簡単に入れると思っているかもしれませんが、そういうわけにはいかないのです。僕も入会するまでに10年かかりました。

会の〝まとめ役〟として会を取り仕切っている、神奈川県在住の工藤哲男さんという方がいます。60代の頃は一緒に野宿して頑張っていたのですが、70代に入り、ちょっと体がきつくなってきたというので今は近くのホテルに泊まり、早朝3時ごろ、8号門にやってきます。

元高校球児であり、真面目一直線の性格である工藤さんは、マスコミの取材も受けません。硬派な人です。この人に認めてもらわなければ会に入れないと言われています。

最近はミーハーな人が気軽に「会に入れて」と来るようになりました。「純粋な気持ちで試合を応援する人かどうか見定める目が必要だ」と会のメンバーは言っています。1日4試合見た後、すぐに8号門の前に移動して、次の日のための場所取りをする。大会中ずっとこの繰り返しですから、チームワーク、協調性のある人でないと、やっていけません。

メンバーの中には、家庭の事情でここに来られなくなった人や、病気やケガで毎年来られない人もいます。中には亡くなった方も……。1年に2度ここで会って、健康を確認し合うのが何よりの楽しみだと、工藤さんはよく話しています。

甲子園で寝泊まりするなんて、本当は決して、褒められることじゃありません。球場の警備の人も半ば、あきれた顔をして笑っています。

しかし、10年間の野宿を経験してわかったことは、近隣に住んでいる人たちが本当に優しいということです。

差し入れを持ってきてくれたり、3月に「寒いでしょ？」とビニールのシートを持ってきてくれたり、自転車を貸してくれたり、荷物を預かってくれたり……。なにかと僕たちのことを気にかけてくれて、犬の散歩の途中に話しかけてくれたりするのです。なかなか都会では味わえない人の「思いやり」を、甲子園でいただくのです。

野宿を辞められない1番の理由は、そういう人たちとのふれあいがあるからなのかもしれません。

僕も、8号門の仲間がいなかったら。全試合野宿なんてできないし、甲子園観戦記録も続いていなかったと思います。

春と、夏。

不思議な結束力であの場所で〝生活〟する僕らは、いつまでも少年の心が抜けない男の集まりです。自営の仕事を休んでここに来ている僕はダメな例だと思いますが、工藤さんのように仕事一筋で働いて、定年したあと、青春を取り戻しに来ているような人も多いのです。

そして、一度、この仲間に出会うと、またこの場に戻ってきたくなるんですよね。それが8号門クラブの、甲子園の魅力だと思います。

初取材は２０１０年

今でこそ、いろいろな人に取材してもらうようになった僕ですが、初めて取材を受けた日は緊張したものです。

あれは２０１０年の夏前でした。「野球小僧」という雑誌の編集の方から、自宅に電話が来たのです。

「甲子園で生活していて、全試合を1番前で見ているというお話を聞かせて欲しいのですが」

8号門クラブの仲間の一人から僕の話を聞いていたそうで、取材の主旨などを説明してくれました。最初、取材の話が来たときは「自分ですか？」

と耳を疑いました。だって僕はただの一般人。いったい何を取材するんだろう?と、不思議に思いました。大塚駅前のファミリーレストランで取材を受けている間も

「何をしゃべっていいのかな…」

「どんな風に載るのかな、大丈夫かな…」

不安でした。この時の記事を今読むと、僕が緊張から、あやふやな記憶でしゃべったのがよくわかります。事実とちょっと違うところがあって、「取材って難しいんだな」と思ったものです。でもこの記事がきっかけで、今日があるんですから、編集を担当してくれた菊地高広さん、記事を書いてくれた田澤健一郎さんには本当に感謝しています。

いわば「ラガーさんの生みの親」ですからね。

2人には、今も、マメに僕の近況を電話で報告しています。

「雑誌デビュー」の後、テレビやラジオからも出演の依頼が来るようになりました。

ミヤネ屋（日本テレビ）、TBSラジオ、NHK大阪。そして2011年秋にはフジテレビの深夜番組「ナダールの穴」というバラエティーにも出させていただきました。

港区お台場・湾岸スタジオでの収録だったのですが、収録前は楽屋でだいぶ緊張していました。番組スタッフが用意してくれたバイキング料理をまったく口にできなかったほどです。

メインMCが千原ジュニアさんで、サブ進行がタレントの上地雄輔さん。ゲストは僕と「流しのブルペンキャッチャー」でおなじみのスポーツライター・安倍昌彦さんでした。「異色の野球ライター、マニア」を紹介する内容で数々の有名投手の球を受けてきた安倍さんのトークで番組は進みました。僕は黙ったまま、隣でジッと聞いていたのですが、そんな僕に向かって千原ジュニアさんが言ったのです。

「ズバリ、誰？」

スタジオにドッと笑いが起こりましたね。いやぁ、お笑いの人はさすがですね。当たり前ですけど「プロだなー」と思いました。

上地さんに会うのは2度目でした。横浜高校のキャッチャーで松坂大輔投手とバッテリーを組んでいた時、僕は春の関東大会を見に行ったからです。その話を本番でしたら「見に来てくれたんですか！」と喜んでくれた。でもその試合に上地さんはいなかったんですよね。当時、2年生キャッチャーの小山良男選手がいて、上地さんは控え選手でした。ただ、メンバー表を見て「沖縄の人みたいな名前だな」と思ったのを覚えています。まさかこんなに有名人になって、再会できるなんて。もっと見ておけばよかったなと思いましたね。

「ナダールの穴」の反響が良かったお陰で、その後も収録に呼んでもらいました。

この時のゲストは「乃木坂46」と「ゴールデンボンバー」。……と言っても、芸能人を全く知らない僕なので、失礼ながら、会っても「フーンそうなんだ……」と言う感じでした。放送後、番組を見た仲間から

「乃木坂かわいかった？」とか

「樽美酒研二ってどんな人？」って聞かれました。

「うん、まあまあ普通……」としか答えられません。

スイマセン、それくらいしか言えなくて……。今度からはもっとテレビを見ようと思います。

最近の話だと、フジテレビで芸人さんなどと一緒に「ヲタスポ」という「高校野球クイズ」の番組に挑戦しました。問題が難しくてさすがのラガーさんも大変でした。でも、さま～ずの2人にいじってもらい、MVPをもらっちゃいました！　テレビは雑誌と違った緊張感があるので、舞い上がってしまうんですよね。今回も芸人さんがうまく盛り上げてくれたので助かりましたが……。

落ち着いて取材に答えられるのは、やはり紙の媒体ですね。雑誌・野球太郎（「野球小僧」編集スタッフが別会社を立ち上げ「野球太郎」を創刊）を中心に、FRIDAY（講談社）や週刊ポスト（小学館）、各スポーツ紙など、この3年間でいろんな取材を受けて、書いてもらいました。

1番反響が大きかったのは、2013年1月に掲載された日経新聞の記事です。「文化」という欄で、写真入りの8段記事で載せてもらいました

（2013年1月16日付・朝刊）

日経のようなカタイ新聞に、しかも「文化」のコーナーで取り上げてもらえるなんて。この時は全国のいろんな知り合いから電話がきましたね。「すごいじゃん！」と。

いろんなメディアの人が僕に興味を持って、記事にしてくれるのはありがたいことですね。特に日経の記事は、昔から僕の野球観戦を呆れて見ていたオヤジに見せたかったなと思いました。記事が出る1年前、脳梗塞で倒れ、そのまま亡くなったのです。親孝行らしいことは何もできなかったので、せめてこの記事を読んでくれてたらな……と思いました。

親孝行、したい時に親は無し。その通りです。でもきっとオヤジは「そんなことやってないで、家の仕事手伝え！」と、天国から、相変わらずあきれた顔で、記事なんて見てくれないかもしれませんが。

［コラム］ラガーさんを語る人

開けてしまった、パンドラの箱

「ラガーさん」生みの親

雑誌「野球太郎」編集者
菊地高弘さん

初見は「異様なムード……」

なぜか「ラガーさんの生みの親」とか「発見者」と言われることがあるのですが、とんでもないことです。だってラガーさんはずっと前から公共の電波に乗っかって、みなさんの前に姿を現していたのですから。「甲子園中継に毎日ラガーシャツを着た変なおじさんが映り込んでいる」

そんな不穏な情報は、僕が当時作っていた雑誌『野球小僧』（現在休刊、今は『野球太郎』という雑誌を作っています）の編集部でも話題になっていました。やや上目遣いにグラウンドをにらみつけるように観戦するラガーシャツ姿の男性からは、異様なムードを感じました。なんで甲子園のバックネット裏に毎日いて、なんで毎日ラガーシャツを着ているんだろう……。ぼんやりとした興味が湧きましたが、同時に「さわるなキケン！」という予感もありました。ラガーさんは高校野球界の「パンドラの箱」だったのです。

僕の知り合いに「智辯おじさん」と呼ばれる熱狂的な高校野球マニアがいて、あるとき智辯おじさんとラガーさんが「仲間」ということを知りました。僕はおっかなびっくり、智辯おじさん伝いに連絡を取り、ラガーさんに会いに行くことにしました。

都内某駅で待ち合わせした僕は仰天しました。改札前で蛍光イエローの帽子をかぶり、ラガーシャツを着たおじさんが立っていたのです。甲子園のテレビ中継に映っている、そのままの姿です。思わず「プライベートでもラガーシャツなんですか？」と聞くと、「いや、わかりやすいかと思って」と返答するラガーさん。メガネの奥で光る無垢で澄んだ瞳を見て、「思ったより怖い人じゃないのかもしれない」という印象を受けた覚えがあります。

残念な「上書き保存」

ラガーさんの取材は、いつも「衝撃」と「失望」の繰り返しでした。「失望」の要因はいろいろあるのですが、大きなところで、ラガーさんが忘れっぽいことです。たとえば「今まで見てきた中で一番凄かった投手は誰ですか？」と聞いてみると、ラガーさんは腕組みしながら視線を泳がせて「う～ん、そうだなぁ～、凄かった……誰がいたかなぁ～、うーん、藤浪」。と、つい最近見てきたばかりの投手の名前を挙げたりするのです。本当に藤浪投手が凄かったと思っているならいいのですが、恐らくラガーさんの記憶のメモリは、毎年毎年新たな選手たちの登場によって「上書き」されているのだと思います。せっかくバックネット裏の特等席で見ているのに、この記憶力のなさは残念でした。

　また、あれだけ間近で長時間に渡って130~140㎞級のボールを見続けているのだから、「ラガーさんは速球に目が慣れている可能性がある」という仮説を立て、一緒にバッティングセンターに行ったこともありました。ところが、どのケージで打つか選ぶ際「ラガーさん、何キロを打ちますか?」と聞いたところ「80㎞」と即答。あれ?と思っていると、その80㎞に対して空振りしながら「おかしいなぁ~」と首をかしげるシーンが延々リプレイされていきました。

　もっとも悩ましいのは、「社会人・ラガーさん」として見たときです。毎日汗水垂らして働いて、甲子園の期間だけ休みを取って観戦する……という人もいるでしょうが、ラガーさんからはそんな背景が微塵も感じられません。

妖精? 落語で言うなら「与太郎+若旦那」

　僕はよくラガーさんについて聞かれると、「落語に出てくる『与太郎』と『若旦那』を足して2で割ったような人」と答えます（もしかしたら「掛け合わせた人」でもいいかもしれません）。何かやるたびに大失敗と事件を巻き起こす落語界のファンタジスタと、育ちはいいのに道楽が過ぎてだいたい勘当されている若旦那。「しょうがねぇなぁ」と言われながら、それでも不思議と人から愛されてしまう、浮世の狭間にぽっかりと紛れ込んだ存在。それがラガーさんだと思っています。なので、そんな人に社会性を求めてもしょうがないのです。「人間」と思わず、「妖精」と思えば素敵じゃないですか（40代後半の人物評とは思えないですけどね）。

　ラガーさんとは何度も会っていますが、いまだに甲子園でラガーシャツを着て毎日観戦する真の理由、当初から抱いている「なんで?」が解消されないままです。その小さな疑問は、ここまでのことを人にさせてしまう、「高校野球」という世界そのものへの「なんで?」になりつつあります。恐らくその答えは永久に出ないような気がしますが、「なんで?」がなくなる日がくるまで、僕はラガーさんを観察し続けるのだろうと思います。

◉**菊地高弘**（きくち・たかひろ）

1982年生まれ。東京都出身。元高校球児、中央大学時代は落語研究会に所属。ナックルボールスタジアム「野球太郎」「中学野球太郎」編集者。自らを「菊地選手」と名乗り、ユニホームを着て「菊地選手のホームランプロジェクト」など多数の体当たり取材を敢行している『野球部あるある』（全2巻）著者。野球部研究家。2010年、「ラガーさん」を最初にメディアに取り上げた人物。

ナックルボールスタジアムホームページ
knuckleball-stadium.com

都電荒川線が通る下
町情緒あふれる街。
それが巣鴨です

第2章　おいたち編

善養寺という苗字

「ぜんようじ」という名前は、父の出身地・群馬に多い名前です。全国に約400人いるそうですが、そのうちの約300人が群馬出身の人だそうです。

2009年のセンバツ（第81回）で、前橋商業に善養寺健太君というマネージャーがいたのを覚えています。オリックスに入った（後藤）駿太選手の1学年上の代になりますね。同じ名前の登録部員は初めてだったので、気になって見ていた覚えがあります。（今は就職していると噂で聞きました）

「ぜんようじ」と呼ぶのは長いので、子供の頃は友達からは「ゼンヨウ」、「ゼンちゃん」などと呼ばれていました。8号門クラブの仲間も僕を呼ぶときは「ゼンちゃん」です。「ラガーさん」になったのは、ここ5年くらいのことですので、昔の友達は僕が「ラガーさん」と呼ばれることに違和感があるみたいです。

ラガーさん発祥の地。つまり、オヤジの生家は、北群馬郡榛東（しんとう）村にあります。水沢観音、水沢うどん……と言えば、聞き覚えのある人もいるでしょうか。子供の頃に遊びに行った記憶をたどると、思い出すのはのどかな田園風景。巣鴨で生まれ育った僕にとって、たまに帰る田舎の風景はとても新鮮でした。

「善養寺」というお寺が全国に点在しているそうですが、僕は寺の息子ではありません。オヤジは農家の息子でした。シイタケ栽培や養蚕業などを営み、生家には豚やヤギがいたそうです。

オヤジは、東京に出てきて、印刷会社に就職し、30代の頃に独立して、印刷所を立ち上げました。東京豊島区の「有限会社　あかぎ印刷」。「あかぎ」は群馬のシンボル、「赤城山」が由来になっています。働き者の父は印刷業のほかに不動産業も兼務していて、ビルや土地の管理も行っていました。おととし他界し、当時は少し大変でしたが、今は僕と、4歳上の姉夫婦で、オヤジの仕事を引き継いでいるという状況です。

よく「ラガーさんって仕事なにやってるの？」と聞かれるのですが、そんな時は「自営の印刷会社を……」と答えます。すると「ああ、自営ね。だからそんな自由な生き方できるのね」と、みなさん納得しています。好きな野球を思い切り観戦できたのは、オヤジのお陰としか言えません。

子供の頃の僕は、どこにでもいるような、普通のやんちゃな子供でした。都電荒川線に乗って、北区王子にある飛鳥山という所へよく遊びに行ったものです。飛鳥山には大きな崖があって、その上から段ボールを敷いてすべり降りる遊びが流行っていました。春になると桜が満開になる飛鳥山は、地元の子供ならだれでも行ったことがある、地元では人気の公園でした。

また、当時はテレビゲームの「インベーダーゲーム」が流行していた時代でもありました。ゲーム台が置いてあるお店に行くと、小学生が大勢あつまっていたものです。僕もお小遣いを使って何回か行きました。でも、それほど夢中になりませんでした。ピンボールの方が好きでした。

今もゲームはほとんどやりません。ついでに言うと、パチンコやパチスロもやりません。友達と何回かテレビゲームをやってみましたが、面白いと思わなかった。それより、野球の試合をずっと見ていたいと思うような子供だったのです。

正直言って、勉強は苦手でした。

この時もっと勉強しておけば、今頃はもしかしたら野球関係の仕事に就けたかななんて思うのですが、当時の成績は中の下くらい。でも出席率だけには自信があって、水ぼうそうで休んだ以外は無遅刻無欠席。家のすぐ裏が小学校だったので、チャイムがなる寸前に家を出てもギリギリセーフだったのがよかったのかもしれません。学校をサボったり、寝坊で遅れたりすることは1日もありませんでした。時間をしっかり守る今の性分は、この頃からあったのだと思います。

勉強はできなかったけど、物覚えだけはいい子供だったと思います。例えば、車の車種を1回見たらすぐ覚えるという特技がありました。車が好きだったというのもありますが、国産の車ならたいてい覚えていましたし、スポーツカーも一目見ればすぐに答えられるほどでした。当時は子供心ながら、日産のフェアレディーZが好きでしたね。お金がたまったらいつか買いたいなとずっと思っていたのですが、結局かなわぬ夢と終わりました。今はもうオッサンなのでそんな分不相応なものは必要ないですね。自転車があるから、今はこれでいいと思っています。

遊び場は、いつも飛鳥山公園。
野球はこの頃から大好きでした

野球チームに入ったのが、小6の時。

左利きだった僕は「サウスポーエース」になるのが夢でした。でもセンスがなかったので、ピッチャーはやらせてもらえず。ファーストと外野を守っていました。いわゆる「ライパチくん」というやつです。ライトで8番。非力な選手のたとえとして当時の人気漫画のタイトルから流行った言葉ですが、僕はまさにそんな選手でした。ただ、足は速かったので、たまに2番を打たせてもらい、得意の流し打ちで出塁を狙うこともありました。

当時は子供がみんな野球をやっていた時代です。僕もどんどん野球の楽しさにのめり込んでいきました。一応レギュラーだったので、人並みに「プロ野球選手になりたい！」という夢もあり、当時人気だった巨人の江川投手に憧れたものです。後楽園球場が近かったから、家族で巨人戦を見にも行きました。クラスの男子の5人くらいはジャイアンツの帽子をかぶって小学校へ行っていた時代。いい時代でした。

大塚中野球少年時代

野球が好きだったので、大塚中学でも野球部に入ることにしました。練習はけっこう楽で、顧問の先生（監督）も、とても優しかったです。

ただ、上級生の先輩の存在は、怖かった。ダラダラ練習をやっていると、厳しく怒られましたし、当時は今と違って「練習中に水なんか飲むな‼」……の時代ですから、先輩が見ている前で水は飲めない。練習中、何度も倒れそうになったものです。

当時は「野球部と言えばケツバット！」の時代でもありました。ケツバットをするのは、監督ではありません。先輩です。当時は監督よりも、上級生の先輩の方が怖かったのです。機嫌が悪い時など、先輩を怒らせたら大変です。金属バットでオシリを2、3発叩かれたものです。あれは、ものすごく痛かった……。オシリの肉があっても、叩かれると骨のほうまでジーンとしびれるので、直後はしばらく動けません。僕はよく怒られていた方なので、月イチで「ケツバット」されていた思い出があります。

今学生スポーツ界で「体罰」が問題になっていますよね。僭越《せんえつ》ながら、ラガーさん的に意見を言わせてもらうと、体罰はやはりどんな理由があっても「ダメ」だと思います。野球部の場合は、チームによっていろいろな理由があると思いますが、やられた方の気持ちを考えるといたたまれなくなります。監督やコーチは、どんな理由があっても、口でちゃんと選手に説得するべきです。心の傷になってしまってはかわいそうですからね。

そんなわけで、野球部はとにかく、先輩の存在が怖かった僕ですが、週

2回の練習だけはしっかりと出ていました。区大会で負けてしまう弱いチームでしたが、うまくなりたい一心で、自分で毎日1000回の素振りを日課にしていました。自主練を真面目にやっていたことはその後の試合でとても自信になりました。

監督が僕の流し打ちを褒めてくれて、試合に出してくれたことは本当に嬉しかったです。

結果を出して褒められた時の嬉しさは、練習の疲れが一瞬で吹き飛ぶくらいのパワーがあります。

中学時代レギュラーで使ってもらえたことは、高校で野球を続けなかった僕にとっては一生のいい思い出です。今、監督に会ったら心から感謝したいです。

夢も希望もない高校時代

残念ながら……と言ってはナンですが、僕の「野球選手人生」は中学で終了となりました。高校では野球部に入らず、帰宅部ライフを選択したからです。「野球選手」に別れを告げて、「野球マニア」の扉を開いていく……。48歳になった今、たどってきた人生の道を振り返ると、はるか遠く遠くに、この時開けたマニアの扉が小さく見えるような気がします。

と、かっこ良く言ってみましたが、正直言うと、高校で野球をやる自信がなかっただけでした。

高校選びも、「ただ近いから」という理由で選んだように思います。

進学先は、家から歩いて10分の都立文京高校（豊島区）。創立73年の伝統校です。入試の出来が悪くて、5教科で300点ちょっとしか取れず、けっこう「ギリギリ」でしたがなんとか合格できました。

いまの都文京は地元では人気の都立高校で、20年前くらいに校舎を改装してからは、モダンでキレイな雰囲気に様変わりしました。今は、大学進学率の高い進学校です。あの頃の僕の頭では、とうてい入れないくらい、今はレベルが上がっています。今春（2014年）のセンバツで都立初の21世紀枠として小山台が選ばれましたが、都文京も小山台のように文武両道を目指す都立校らしいチームです。

昨春の東東京都大会で快進撃を見せて、ベスト16に入りました。僕がいた時も3回戦くらいまでには進む、都内ではそこそこ力のある高校でした。帰宅部だった僕はそんな野球部の練習を、たまにネット裏から見るくらいで、あまり関心がなかったように思います。

どちらかと言えば、同じ高校野球でも甲子園のスター選手のほうが興味があったし、テレビで甲子園を見ているほうが楽しかったからです。夏の都大会の応援も1、2回しか行ったことがありません。厳しい練習を毎日やっているな〜と思って見ていたけど、自分には関係ないや、と思ってバイトに向かっていました。

それなのに、ここ最近は急に母校の活躍がとても気になるようになったのです。自分でもよくわからないのですが、卒業して、30年経った今、母校愛というモノが急に芽生え始め、いまでは都文京が「甲子園で1番応援したい高校」になりました。雑誌「野球太郎」で母校へ帰る企画（P90）をやっていただき、今の監督、市川幸一先生にもお会いできました。野球部員も元気いっぱいで、パワーをもらったというか、とても貴重な経験をさせてもらいました。高校時代、あまり応援に熱心じゃなかったぶん、これからはしっかり母校を応援していこうと思っています。

卒業〜就職へ

高校時代の僕は、夢も希望もない、ただの帰宅部高校生でした。僕のこんな話は誰も興味ないと思いますが、せっかくなので、一応、高校時代の思い出も書きたいと思います。

野球観戦以外で夢中になっていたことと言えば、コンビニでのアルバイトです。当時は時給750円くらいだったと思います。冷蔵庫の中の商品を補充していく仕事だったのですが、冷蔵庫に1時間もいると手先の感覚がなくなるほど体が冷えて、大変寒い思いをしました。お金を稼ぐと言うのは大変なことです。この時、初めて働くことの大変さを実感しました。1日2、3時間くらいのバイトでも、月に5万円くらいにはなったので、貯まったお金で野球を見に行ったり、自動車免許の入学金を払ったり、いろいろ好きなものを買ったりして、有効に使っていました。

当時、家の仕事も景気が良くて、4軒目のビルを建てたり、栃木那須の方に土地を買ったりと、バブル景気の恩恵を受けていました。その時は自分の家が裕福なんて思っていませんでしたが、車も3台あったし、かなり「恵まれていた家庭」だったと思います。

そんな善養寺家の、長男が自分。

「自分は、高校を卒業したら家業を手伝うんだ」

そのことは、誰に言われなくても自分の中で覚悟していました。

「それなら、高校までは好きなことをやってやろう」

「卒業したら、オヤジの仕事を手伝うぞ」

そう心に誓いながらも、目の前にハッキリと見えていた「レール」が憂鬱に思えたこともありました。

自分の夢とか希望とか、そういうものはなかったように思います。

「将来の道が決まっている」というのは、一見、安定していて、いいことのように思います。特に今の時代だと就職難で、安定を求める学生の方が圧倒的に多いと思います。でも当時の僕は、その「安定」がたまらなく窮屈に思えました。

「このままオヤジの仕事を継ぐだけでいいのか？」

「まだ、働きたくない。専門学校に行ってみたい」

葛藤する気持ちをなんとかしたくて、その気もないのに、調理師の専門学校を見学に行ったこともありました。日々、なにかモヤモヤとした気持ちと戦っていたのです。男のプライドもある。1番悩んだ時期だったと思います。

そんなタイミングだったのです。

自分の中で、一つの踏ん切りをつける意味で、甲子園へ一人旅をしました。それが前述のとおり、高校卒業直後に初めて「最前列」の席に挑んだ「ＫＫコンビ」のセンバツ大会でした。

初めての「最前列」の席に座った時、パッと広がる自分の視界の広さに心が熱くなりました。ネットを隔てて、自分の目の先は、熱くて広い、高校野球のドラマが繰り広げられている。

パッと心が解放されたのです。

気持ちが軽くなりました。甲子園から帰ると、心を入れかえ、素直な気持ちでオヤジの会社に就職することができました。

「あかぎ印刷」は小さい会社でしたが、従業員が４名いる、それなりに忙しい会社でした。

僕の最初の仕事は納品作業です。

大口のお得意さんに「シルバー編み機」という会社があり、会社で使う伝票などの印刷物や、編み物教室のチラシなどの大量注文を受けていました。新宿の会社まで、定期的に納品に行くのが僕の仕事でした。

印刷物は重く、けっこう力作業だったので、野球をやっていた体力が生かされたと思います。

印刷物の注文は都内全域から来ます。

ある時は神宮球場からの発注があり、神宮大会で使う大学野球と、高校野球のチケットの製作・印刷を受けたことがありました。オヤジは野球には詳しくなかったので何とも言ってなかったですが、神宮大会のチケットの注文がウチに来たときは、けっこう嬉しかったです。神宮の絵画館裏にある事務所に納品に行ったことも良く覚えています。まさか今、自分がそのチケットを買って、野球を見に行くようになるとは。不思議な縁だな〜としみじみ思いました。あの時先方に、「見に行きたいので通し券をもらえないか？」とお願いしてみましたが、それはまた別の話ということで、断られてしまいました。なので、もちろん、その年は自分でチケットを買って、神宮大会に行ったのです。自分が作ったチケットを買って高校野球を見に行く心境は、なかなか不思議な感覚でしたね。

会社は順調で、仕事にも不満はなかったのですが、オヤジとはよくぶつかっていました。

作業場の仕事をしている時も、版下の作り方が雑だとか、遅いとか。職人肌で、妥協を許さないオヤジでしたから、僕の細かいミスも見逃すことはなく、よく怒られたものです。神経を使う細かい作業が多かったので、慣れるまでが大変でした。休みは週1回。初任給はたしか17万円だったと思います。その頃まだ18歳。昔の話なので、何に使ったのかは覚えていないのですが、初めてオヤジから給料をもらった時は、さすがに感慨深いものがあったように思います。

18歳で入社して、40代まで……。ずっとオヤジの背中を見ながら、印刷の仕事ひと筋でやってきました。ストレートに物を言い、厳しく叱るオヤジとは衝突ばかり。20代の頃は、埼玉の友達を頼って〝プチ家出〟をしたこともありました。でも、やはり、どこかで尊敬していたのだと思います。

一昨年、オヤジが急死した時は、初めて涙が出てしまいました。

もっといろいろと、仕事のことを教わっておけばよかった。酒くらい一緒にゆっくり飲みたかったなぁと、今ごろ後悔しています。

［コラム］ラガーさん母校に帰る

甲子園ネット裏から1番応援したい学校
——それは「都立文京」です

＊「野球太郎」2013年夏号を再録（2013年5月取材）

ラガーさんが「ネット裏から1番応援したい高校」と断言しているのが母校・都立文京高校だ。2013年春は、6年ぶりに16強入り。夏の甲子園で悲願達成を目指した後輩たちをこれからも応援する。

甲子園の住人、ラガーさんの母校、都立文京高校がこの春、6年ぶりの16強入りでシード権を獲得した。今まで観てきた数々の甲子園常連校を差しおいて「ネット裏で1番応援したいのは母校だね」と断言してきたラガーさん。頑張っている後輩たちを激励するため、豊島区西巣鴨の同校を訪ねた。

都立文京高校野球部は体育教諭の市川幸一監督が指揮をとっている。市川監督は城西大城西高時代に東東京代表で甲子園出場（79年）。その後日体大を経て、都立赤羽商—都立足立新田—都立広尾を指導。6年前から同校の監督を務めている。市川監督の熱心な指導により、ここ数年は野球部のレベルも上がってきた。

エース大塚駿投手は、身長178cm、77kgの右腕で、球速は130km台中盤ながら、キレと制球力で打者を抑える。プロ4球団のスカウトが視察に来ているという逸材だ。中学時代は、強豪・江戸川中央シニアに所属。同級生の中村祐太投手（関東一）、小田桐丞投手（東海大相模）など切磋琢磨し、中2の時は全国制覇を経験している。

熱く激励！（僕、野球部出身じゃないけど）

▼2013年の戦績
都立文京高校

春季大会（ベスト16）

1回戦	○7x−6	都雪谷
2回戦	○5−0	東海大高輪台
3回戦	○5−1	日大一
4回戦	●1−7	二松学舎

夏の東東京大会（ベスト32）

3回戦	○2−1	郁文館
4回戦	●3−15	日体荏原

ラガーさんは「江戸川中央なんて名門シニアから文京に入ってくれたことが嬉しいよ。4番手投手だったそうだけど、強豪私立に進んだチームメイトたちに負けないよう頑張ってほしいよね」とイチオシする。

春の16強入りは大塚君の頑張りにつきる。持ち前の制球力で最少失点に抑え、都内有数の実力校、東海大高輪台を3安打無失点に抑えた。市川監督も「週3回のウエートトレーニングと、お昼休みのオニギリ（間食）で体が強くなり、球威が増した」と称える。大塚投手は「夏の暑さに負けないスタミナをつけて勝ち切りたい」と話した。

打の注目はチュニジア人ハーフのラクハール・アリー選手（3年）だ。二松学舎戦で4番を打った187cmの右打者で、ラガーさんは「ピッチャーとしても期待している。長身から投げ下ろす姿がダルビッシュみたいなんだ」と投打の活躍に期待する。そして80名の部員をまとめているのがキャプテンの東城周平選手（3年）。選手としては「2番センター」でつなぎ役に徹する。「どのように大塚君を助けていきたいですか？」とラガーさんが聞くと「大塚なら3点以内に抑えてくれる。自分たちがつなぐ打撃をし、4点以上取れるよう夏までに打力を上げていきたいです」とラガーさんの目を見て力強く宣言した。

選手たちの頼もしい言葉を受け、刺激をもらったラガーさん。市川監督からは「ラガーさんも猛暑の中での観戦は大変だとは思いますが体に気を付けて下さいね」と逆エールをもらい、ガッチリ握手を交わした。「監督も熱いし、選手も素直でいい子だったね。甲子園で応援できる日

市川監督と談笑。グラウンド後方には池袋・サンシャイン60が見える広大なグラウンド

特に会いたかったというエース大塚君と対面し、興奮しながら両手で握手していたラガーさん

最後に特製タオルをプレゼント。止まらないラガーさんの熱弁に「テレビで見て寡黙な人だと思ってたのに～」と驚く3人

［コラム］

ラガーさん母校に帰る

全部員と記念撮影。この取材の後も夏の大会に足を運び応援を続けた。「負けたけど“一球無二”の精神で、夢に向かって頑張ってほしいね！」

が来るのが楽しみだよ。その時は、チームカラーである紫色のラガーシャツで応援したいね」。力強く自転車を押しながら、校門を後にした。

◇　◇　◇

それから2カ月。夏の東東京大会の結果を報告しよう。第4シードとして3回戦から登場した都立文京は、初戦の郁文館戦を2－1の逆転で勝利。大塚投手の3安打1失点投球、神谷選手の本塁打などが光った。

続く4回戦の日体荏原戦は大塚投手が立ち上がりを攻められ、2回途中で降板。市川監督は計5投手をマウンドに送ったが、継投も実らず5回コールド3－15で敗退した。「大塚君の調子が今一つだったのが悔やまれるね。大塚君は大学で硬式野球をやるそうだから、頑張ってほしいな」とラガーさんは彼らの今後にエールを送った。

これからも、母校・都立文京を熱く、温かく見守っていく。

第3章　甲子園ライフ編

ラガーさんの年間スケジュール（2013年）

3月
遠軽対横浜隼人対明秀日立（練習試合、変則ダブルヘッター・横浜隼人グラウンド）
日大三対山形中央対平塚学園（練習試合、変則ダブルヘッター・日大三グラウンド）
第85回記念センバツ高等学校野球大会（22～4月3日、阪神甲子園球場）全試合観戦

4月
春季高校野球地方大会（東京、埼玉、千葉、神奈川、栃木、静岡）
（島田球場で静岡・聖隷クリストファーの鈴木翔太投手を観戦）

5月
春の高校野球の関東大会（18～22日、栃木県清原球場）

6月
東京都・春季中学生野球軟式大会（上井草スポーツセンター）

7月
東京都・夏季中学生軟式大会（駒沢公園）
第95回全国高等学校野球選手権記念地方大会（東京、埼玉、神奈川、千葉）

8月
第95回全国高等学校野球選手権記念大会（8～22日、阪神甲子園球場）全試合観戦
佼成学園対常葉菊川（練習試合、佼成学園グラウンド）

9月
秋季東京都ブロック予選大会（共栄学園対東京実、佼成学園対東亜学園）

10月
秋季東京都高校野球大会
秋季東京都中学生軟式野球大会（江戸川区河川敷グラウンド）
秋季高校野球四国地区大会準々決勝（19～21日、愛媛県坊ちゃんスタジアム）
秋季関東大会（26～30日、茨城県水戸市民球場）

11月
第44回明治神宮野球大会（16～20日、全試合観戦）
くまのベースボールフェスタ（23、24日、三重県・熊野スタジアムほか）

12月
第9回タイガースカップ中学生硬式大会（11月30、1日、阪神甲子園球場）

甲子園以外「も」ラガーさん

「ラガーさん」は、甲子園以外の野球場にも足を運んでいます。

昨年（2013年）も、全国各地いろいろな所へ野球を見に行ってきました。高校野球練習試合の解禁日が「3月8日」に設定されて以来、おそらく野球ファンの方にとっての「3・8」は野球の「お正月」のような日だと思います。僕も皆さんと同じ気持ちです。年が明けると、「高校野球のお正月」が来るのをまだか、まだか……と楽しみにしています。

そんなわけで、2013年の「ラガーさん活動」で印象的だった出来事を紹介したいと思います。

〈最北のセンバツ出場、遠軽〉

2013年のスタートは、3月9日の遠軽高校関東遠征を見に行きました。横浜隼人のグラウンドで、明秀日立と変則ダブルヘッダーが行われたのです。雑誌「FRIDAY」がセンバツ直前に「ラガーさんイチオシ選手紹介」のページを作るというので、スタッフの方と一緒に遠軽を見に行ってきました。史上最北からのセンバツ出場、ということで地元の期待も高まっていたんですが、この日見た限りでは、ウ～ン、残念ですがあまり良いところは見られなかったです。解禁1発目の練習試合だったこともあるでしょうね。動きが硬くて10個以上エラーがあったんじゃないでしょうか。雪で守備練習ができなかったのでしょうね。ちょっと気の毒だったけど、いい意味で開き直って、甲子園では思い切り戦って欲しいなと思いました。（第85回センバツに出場した遠軽は、1回戦いわき海星に3‐0で勝利、2回戦大阪桐蔭に1‐11で敗退した）

〈野球愛を感じた静岡・島田球場〉

地方にある「味のある」野球場に行くのも楽しみの一つです。

4月に行った島田球場（静岡県島田市）は予想以上にいい球場でビックリしました。両翼91ｍ中堅118ｍ。観客スタンドも立派で、約1万6000人が収容できるそうです。

なぜ島田球場に行ったのかと言うと、聖隷クリストファーの鈴木翔太投手がいいという評判を観戦仲間から聞いていたからです。残念ながら、鈴木君の調子はいまひとつでした。後で聞いた話では、鈴木投手は体調を崩した後の病み上がりだったそうです。球速も135㎞出るか出ないか。試合はサヨナラ本塁打が出て勝ちましたが不安の残る内容でした。

こんなふうに「いい選手がいるよ！」と聞いて行っても、たまたまその選手が調子が悪かったり、あるいは欠場していたりと、甲子園以外の試合はいろいろなケースに直面します。そういう所ももちろん高校野球の面白さなので、試合後、ファン同士で「今日は出なかったか〜」とか「今日はイマイチだったな〜」とか「次は見たいな〜」などと話すのも楽しいものです。（鈴木翔太投手はその後ドラフト1位で中日に入団）

試合はそんな感じでしたが。僕はこの時、聖隷クリストファーの対戦相手だった、島田商の人気に驚きました。スタンドには町民400人はいたでしょうか。近くにいた野球ファンの方が「島田市は野球熱が高いんですよ」と教えてくれました。中学校の部活（軟式野球）が盛んなのだそうです。センバツ優勝した浦和学院に贄隼人選手といういい二塁手がいましたが、彼も島田市の出身なのだと教えてくれました。地元のお年寄りの人たちは甲子園には行きたくてもなかなか行けないそうですが、地元では町民が一体となって応援しているんだなと。ここに来て改めて感じました。

〈池田が見たくて、四国大会へ〉

10月は、ちょっと愛媛まで足を伸ばして四国大会を見に行きました。

どうしても池田高校の試合を見たかったのです。高速バスの移動（12時間）はなかなか遠かったですが、坊ちゃんスタジアム（愛媛県松山市）で池田の勝利を見られたことはいい思い出になりました。準々決勝、西条に延長11回3－2の勝利。四国大会からエースに昇格した名西宥人投手が良く頑張った。小柄な体格で威圧感はないのですが、１３０km台の球がピッと手元で伸びて打者は打ちにくそうでした。池田はこの後、準決勝で生光学園を９－３の勝利、決勝は今治西に０－10で敗れましたが、堂々の四国大会準優勝でした。この春は27年ぶり８度目のセンバツが決まっていて、大会ナンバー１の話題校になるのではないでしょうか。楽しみです。

実はこの四国遠征の時、雨で日程が１日ずれて「空き日」ができたので、香川在住の知人・千種幸明さんの案内で松山商業と、済美高校のグラウンドへ行ってきました。急きょ思い立ってお邪魔したのですが、松山商も済美も気持ちよく迎えてくれました。松山商の重澤和史監督、いい方ですね。椅子を持ってきて「どうぞ見て行って下さい」と言ってくれました。

済美も同じです。部員の子が出てきて、「どうぞ」と室内練習場へ案内してくれました。とても親切な子でした。ドラフト候補の安楽智大投手は不在だったのですが、上甲正典監督にも挨拶ができて有意義な1日となりました。案内してくれた千種さんにも感謝です。

重澤監督、上甲監督には、初対面のこんなオッサンファンに対応していただき感謝です。

〈くまのベースボールフェスタ〉

四国へ行った1カ月後。11月23、24日に「くまのベースボールフェスタ」へ行ってきました。このフェスタの噂はずいぶん前から聞いていたのです。「三重県熊野市で野球の強豪校が集った練習試合が行われている」

強豪校が集まる？　世界遺産「熊野古道」で有名な熊野市。名古屋から特急で3時間ほどかかる場所です。今年は夏の優勝校・前橋育英を筆頭に、なかなか興味深いチームが集結するというので群馬の知人でライターの木村孝さんと一緒に東京から車で行ってきたのです。

2013年参加チーム
前橋育英（群馬）、関東第一（東京）、大府（愛知）、富山第一（富山）、遊学館（石川）、市岐阜商（岐阜）、三田松聖（兵庫）、創志学園（岡山）、三重、木本、近大高専、紀南（三重）

今年で10年目になるそうですが、まずこういった交流試合をやろうと思った心意気に拍手を贈りたいと思いました。入場無料。参加全チームの名簿と戦績の入った立派なパンフレットもあり、地域活性化になっているなと思いました。市教育委員会や、市体育協会も後援しているそうです。

参加した監督、選手たちも公式戦のピリピリとした雰囲気とは違って、他チームとの「交流」を楽しんでいるように見えました。

木村さんの仲介で、前橋育英の高橋光成投手がけっこう気さくにしゃべってくれて「いい子だな」と思いました。観客も200人くらいいて、地元にいる野球ファンがこのフェスタを楽しみにしているのが伝わってきました。非公式戦という扱いなので、あまり大規模にできないそうですが、ラガーさん的には熊野市の野球部員たちにとっても本当にいい試みだと思いますし、続けていって欲しいなと思いました。ただし、見に行くなら、宿を早めに確保することをおススメします。近くに宿がなくて、僕らは木村さんの車で一夜を過ごしました。寒かった……。

ラガーさんの1日

4時	起床	3月はとても寒いです
4時15分	寝床片づけ	
4時30分	歯磨き、顔洗う（甲子園横のトイレ）	
5時30分	コンビニで朝食買い出し（サンドウィッチなどを購入）	
6時	全日警の警備係員さんによる点呼（割り込み禁止、チケットの確認など）	
6時30分	最前列でスタンバイ	ラガーの観戦魂が高まってくる時です
7時	開門	
7時5分	最短ルートで「ラガー席」へ移動	スタンド通路に入ってからがダッシュ解禁！
7時10分	最前席を確保	
7時30分	ノック開始	試合が始まる前（テレビに映ってない間）に、いろいろと準備
8時	第1試合開始	

10時30分	第2試合開始（予定）	
12時	隙を見て昼食	
13時	第3試合開始（予定）	
15時30分	第4試合開始（予定）	
18時頃	ファンと記念撮影	最近多いので、調子にのらないよう気をつけます
19時	8号門に〝帰宅〟	
19時30分	場所取りをしてから、8号門クラブの前で打ち上げ	近隣の住人の方がいろいろ差し入れをしてくれます
21時	コインランドリー、入浴（銭湯）、携帯の充電など	自由時間は最大2時間
22時	就寝	22時には寝たいと思っています
23時	雑談	でもなんだかんだで、応援に来てくれる住人の人とオシャベリとかして……
24時	就寝	今度は本当です

甲子園の朝は、戦場です

甲子園最前列での観戦。あの席をゲットするのが、簡単ではないという話は第1章（P49～）でさせていただきました。

では「ラガーさんは甲子園でどんなふうに過ごしているのか？」というお話をしたいと思います。

きっと、ここに興味を持っている人が多いと思います。何しろ、甲子園大会中、テレビをつければ100％の確率で僕が「そこ」にいるのですから。

春夏計79（センバツ記念大会の場合83）試合。一体ラガーさんはどんな生活をしているのか？　わかりやすく前ページでタイムテーブルにしてみました。（なんだか超有名人みたいな言い方でスイマセン）

まず、みなさん驚くのは「4時」という起床時間ではないでしょうか。

大会中は、この時間に必ず目覚めます。体内時計が4時起床にセットされているかのように、空がうっすら明るくなると自然と目が覚めるのです。センバツ中の「4時」はまだ真っ暗ですが、それでもアラームのお世話になったことはありません。近所の住人が犬の散歩やウォーキングで通るので挨拶などをします。甲子園での朝は気持ちのいいものです。

そうしていると、8号門クラブの仲間が徒歩圏内の宿泊先（ホテル泊の人もいるので）ぽつぽつと集まってきます。僕のように野宿をしているのは50人くらいしかいませんので、こういった〝出勤〟組がほとんどなのです。

20年前は誰も並んでいなかった8号門前ですが、「始発組」も増えてきました。阪神甲子園駅に始発電車がつく4時50分になると50人くらいの人がやってきて、僕の後ろに並びます。顔見知りがほとんどですが、「ご新規さん」のような人もいます。そういう人たちは焦っているのか、駅から猛ダッシュで甲子園に向かってきます。この人たちはいったいどこから、何時に家を出てきたのだろう？　と考えたりもします。

例えるなら、郊外にマイホームを買い、始発で都内の大会社に通勤するサラリーマンのような気構えではないでしょうか。甲子園で寝泊まりし、〝通勤時間０分〟で試合を見ている僕とは、タイプの違う別パターンの人たちです。

次に気になるのは「６時の点呼」ではないでしょうか。

みなさんは、僕が開門と同時に、ダーーっと席へダッシュする光景を想像しているかもしれません。

例えるなら兵庫・西宮神社の恒例行事、「福男」の、あのダッシュです。

そういえば、２０１４年の福男１位は甲子園に出場した聖光学院の６番打者、京田世紀君（現同志社大学野球部1年）だったそうですね。何か強い親近感を覚えました。

話がそれましたが、開門と同時にダッシュをするのは、実際はとても危険です。２００９年の内野スタンド改装以来、甲子園8号門の先には、スタンドへ続く階段ができました。その階段を上がって、さらに席のほうへ行く通路も、狭いです。２００人もの人が並ぶようになった甲子園ですから、その人が一斉に走りだしたら絶対にケガ人が出るでしょう。

そこで、混乱を防ぐために点呼があるのです。係員から「走ってはいけない」という注意を言い渡され、チケットを持っているかどうかも一人ずつ、確認します。ちなみにここまでの流れは甲子園周辺を警備する「全日警」の方が担当しています。さらにプチ情報としては、ここ10年くらいは村山さんという方が担当していることが多いです。

さて、ゆっくりと球場内に入ると、僕らの誘導は、阪神甲子園球場の係員の人にバトンタッチされます。

球場係員の方も実に冷静かつ的確です。まず、ゆっくりとバックネット裏席に1番近い入口まで僕たちを「歩いて」案内します。絶対に走りません。そして「どうぞ入ってください」と言って、道を空けてくれます。この瞬間が、「ダッシュしていい」解禁のゴングとなります。

〈開門を知らせるサイレンの音の中を、ラガーさんがダッシュ！〉

もう何年もこのやり方で入場していますが、一度も混乱したことはありません。2つの警備業者の係員が連携して、僕らの入場を誘導してくれる。甲子園大会を運営する人は大勢いますが、こういう小さな所も徹底されているのが、甲子園大会の凄さだと、僕は思っています。わずか20秒ほどの「ダッシュ」ですが、中央特別内野席のチケットを持った僕ら観客は、席を取るまで必至の形相です。大の大人が何を……と思う光景ですが、この数秒間だけは、誰にも譲れません。雨で床が濡れている時は特に注意が必要です。と言うのも、実は、滑ってころんでいる間に、誰かに追い抜かされたことがあったからです。

「ヤバイ!!!!!」。全身から冷や汗が出ました。

球場が改装された時の話です。最前席にたどりつく「道順」が新しくなり、わからなくなって、焦ってころんでしまったのです。

抜かされた時は正直「終わった……」と思いました。

誰かが僕の横を通り過ぎて走っていくのを見て、

ああ、もうこれで「A列73番席」の更新記録はストップだな、と。

ガックリと肩を落として、ゆっくり席に向かって行ったら、なんと、そこに見覚えのある8号門クラブの仲間がいたのです。

そして、僕を見て笑っていたのです。

そう。僕を追い越していったのは、8号門の仲間だったのです。ころんだ時は肝が冷えましたが、仲間が先回りして席を取って笑っているのを見たら、全身から力が抜けて、ホッとしました。この出来事以来、雨の日のダッシュは特に気を付けるようにしています。

この出来事をきっかけに「あの最前列席は自由席だから、いつだれが座ってもおかしくないんだな」と思うようになりました。中央特別自由席のチケット代は、2013年に値上がりしたとはいえ、たった2000円です。そのチケットさえ持っていれば、誰もがあの席に座れる。

自由競争の世界なのです。

この本を読んだ誰かが「俺もあの席で見てみたい！」と思って、あの席を狙って僕に挑んでくるかもしれません。いつ、そんな日が来てもおかしくないと思っています。

「そうなったら、どうしますか？」と聞かれたら？

そうですね……その時になってみないとわかりませんが、複雑な気持ちにはなるでしょうね。いつまでも僕だけが独り占めしてるわけにはいかないでしょうから……ね。

前列で並び開門を待つラガーさん。7時の開門を前に、後方には大勢のファンが並ぶ。夏はこの倍はいるそうだ（第83回センバツ決勝の朝）

ネット裏を占拠する８号門クラブのメンバーは、堅い結束力と、チームワーク、そしてユーモアに富んだ集団。最高の席から純粋な心で試合を見守っている

「ハンカチ王子」を知らなかった

そんな感じで、無事に最前列席にたどりつくわけですが、試合開始まで1時間しかありません。30分後にはシートノックが始まります。あまりゆっくりもしていられないのです。

席についてすることは、カバンの整理→大会誌の準備→着替え用ラガーシャツ（3枚）の用意。夏だったら、クーラーボックスから氷を出して、飲み物の準備をします。あの席は、夏は直射日光が当たるので1日3リットルくらいの水分を取るのです。

試合が始まったら、集中して見たいですからね。こまごまとした用事はすべて30分前には終わらせておきたい。トイレの大も小も出し尽くして試合に臨みたい。

これが、ラガーさんの流儀です。


テレビを見た人から「試合中の顔が真剣ですね」とか「怖い顔して見てますね」と言われることがあります。

「テレビに映っていることを意識しますか？」とも。

これはハッキリ言えるんですけども、自分がどんな顔で映っているかなんて全く興味ありません。だって、これは当たり前の話になりますが、自分が出ている生中継を見たことはないし、甲子園の試合を録画しないので、映ってる自分を確認することがないからです。

大会中はテレビニュースも見られません。熱闘甲子園も見たことがありません。キャスターの長島三奈さんが昨年で番組を引退したそうですが、番組を見たことがないので、みんなが「残念だ」と言っている意味がわかりませんでした。でも「長島三奈さんが出ている間、1度でいいから熱闘甲子園見たかったな……」。そんな僕のつぶやきに、誰も耳を傾けてもくれませんが……。

テレビを見ない……、で思い出しましたが、こんな話もありました。深夜番組「ナダールの穴」で芸人の千原ジュニアさんにもお話したのですが、実は僕は、2006年、あの早稲田実業・斎藤佑樹投手の「ハンカチ王子フィーバー」（第88回選手権）をまったく知らなかったのです。

あんなに毎日、最前列席で試合を見ていたのに、斎藤投手がハンカチで汗を拭いていることすら気が付きませんでした。「ハンカチ王子」を知ったのは、東京に帰ってからワイドショーなどで報道を見てからです。「ハンカチフィーバー」の盛り上がりに1番驚いているのは斎藤投手本人だと思いますが、たぶん2番目は僕だと思います。そのくらい、あの現場にいる人はマスコミの過熱ぶりに気付かないものです。もしかしたら、出場している高校球児、すべてがそうなのかもしれません。

よく優勝した高校の選手が、地元に凱旋してファンの熱狂ぶりを見てびっくりしたり「世界が変わった」と言うことがありますが、僕もその気持ちがわかる気がします。大会全日程を終えて、自宅に帰ると、甲子園で起こっていたこと、見たものが現実のことじゃないような感じがします。発売された雑誌を見ても、ここに数日前までいたのが信じられないような気持ちになるのです。不思議です。


話が大きくそれましたが、1日4試合、春は3試合、全試合を集中して見るのは大変なことです。睡魔に襲われて、ついウトウトと……船をこいでしまうこともあります。

昨夏の浦和学院対仙台育英（第95回選手権）がまさにそうでした。実はこの日、昼間の暑さに完全にやられてしまっていたのです。第4試合のナイターになっても、気温が42度。暑さと疲労で、つい、居眠りをしてしまいました。

僕は寒さには強いけど、暑さには弱いんです。

この試合はセンバツ優勝校の浦和学院と、昨秋の神宮大会優勝校・仙台育英が初戦でぶつかる好カード。しかも土曜日の夜でしたから、いろんな人が見ていました。友達や知り合いから電話がかかってきて「寝てたね」と言われて恥ずかしかったです。言い訳をするわけじゃないですが、見逃したのは試合の中盤だけ。最後のクライマックス、浦和学院のエース小島和哉投手が足をつって、仙台育英の熊谷敬宥選手がサヨナラ打を打った場面はちゃんと起きて見ました。でもやっぱり全部を見ていなかったことに後悔しています。オンタイムで僕の様子がＮＨＫに映っているわけですからね。今度からは、第４試合に好カードがある日は、特に前の日は早く寝るようにしたいと思います。あと暑さ対策も、もっと万全にしないとです。

甲子園〝珍事件〟10選

毎日甲子園にいると、本当にいろいろなことが起こるものです。今、パッと浮かんだものを書いていこうと思います。たぶん書いた後に「あれもあった！」と思い出すと思うのですが、とりあえず10の小話を。本当に、(大ピンチも含めて) けっこういろいろありました。

〈その一〉甲子園値上がり事件！

２０１３年の夏前に、たいへんショックなニュースが流れました。甲子園大会のチケット料金が18年ぶりに値上げすると言うのです。第95回選手権から中央特別自由席のチケットが１６００円から２０００円に。ちょっと「400円」って上がりすぎじゃないですか？　この値上げは、僕ら庶民の財布を直撃します。僕の場合×15日間なので、6000円の赤字です。だったら外野席を無料から100円にすればいいのに。……不満はつのります。でも決まってしまったことなので、じゃあ6000円分のお金をどう工面しようか考えました。自転車で甲子園まで行ったらどうかな？　とも考えたくらいです。でも高速バス代が4000円（片道）なので、2000円足りないとわかり諦めました……。ガックリ。しかしこういう声って、いったい誰に訴えればいいのでしょうかね。

〈その二〉休日ができてしまった事件！

同じく2013年夏は画期的な試みがありました。甲子園大会中、準々決勝と準決勝の間に1日の「休養日」ができたのです。選手にとっては最も疲労がたまる時期。とてもいい試みだと思いました。正直、ラガーさん的には大会の真ん中くらい（お盆）が疲労のピークなので、そのあたりにも休養日をいただきたいのですが……。（って関係ないですよね）

休養日と言っても野宿してる僕らにとっては甲子園の内側か外側にいるかだけの違い。正直この1日がヒマで仕方なかったのです。で、何をしたかと言うと、ラガーシャツを洗濯して、干して、1日中寝てました。有意義な1日だったのか何なのかわかりません。球児にとっての「宝の1日」が、僕にとっては「超ヒマヒマな日」であったことは間違いないです。ちなみにこの日は、朝から新聞、ラジオなど取材の人が僕のところにドッと来ました。急な取材を合計5件受けました。記者の人も「ネタ」に困った1日だったようで、僕が役に立ったようです。よかったよかった。

〈その三〉ドロボウ撃退事件！

甲子園で野宿してる僕らは無防備です。15日間は〝ホームレス〟状態なのですから、「悪い人」に狙われる危険性と、日々戦っているのです。2013年夏、8号門クラブの仲間の貴重品が狙われるという事件が起きました。夜の1時頃だったと思います。自転車で不審な男性が近づいてきて、今井勤さんという仲間のウエストポーチのチャックを開けようとしたのです。「あれ、おかしいな?」と思った瞬間、横で寝ていた東京在住の古屋達雄さんが大声で叫びました。

「ゴラァアー!」

ドスの効いたその声に、その男は慌てて逃げていきました。危なかったです……。今井さんは無傷でしたが、やはり怖かったです。「強力し合って悪人を撃退しよう!」。メンバーの結束がかなり強まったことは言うまでもありません。でも……。思えば、平和な日本でも、いろんなことはあるってことです。もちろん「自己責任」の世界なのですが……。

〈その四〉 決勝引き分け再試合事件！

２００６年（第88回選手権）の決勝戦は感動的でしたよね。

早稲田実対駒大苫小牧。８月20日の決勝戦はハンカチ王子（斎藤佑樹）とマー君（田中将大）の投げ合いで１－１、延長15回引き分けに。再試合が決定した瞬間は、甲子園球場全体から温かい拍手が沸き起こったものです。「あ〜いい試合だった」、「どっちも勝たせてあげたいね」。ネット裏のファンは口々に話していたものです。ん？　でもちょっとまてよ。

「明日着るラガーシャツがないじゃん！」

野宿道具一式を、東京の自宅に宅配便で送ってしまっていたのです。その中にラガーシャツも入っていたのです。

しかも翌日は月曜日。「仕事があるから、今日で帰るわ〜」と、８号門の仲間も続々と撤退宣言。白熱の決勝再試合を受けて、いろいろ事情が変わってきたのです。そんな時です。

「ゼンちゃん、俺、明日付き合うよ！」

声をかけてくれたのが名古屋在住のメンバー、冨田博昭さんでした。着替えも野宿道具もありません。でも一緒にもう1泊しようと言ってくれたのです。その夜。近くのダイエーで〝お借りした〟段ボールを2人で敷き、「素」のまま並んで寝たことは忘れません。仲間っていいなと思いました。

〈その五〉寒いにもホドがある！　事件！

僕は寒さには「強い」自信があるのですが、２０１２年春（第84回センバツ）の寒さには参りました……。

この大会は雨が多くて、試合順延が3回あった年だったのです。雨で中止になると、本当に凹みます。8号門に戻って、その場で1日中雨と戦わなくてはいけないのですから。この年は暴雨がすさまじくて、寝袋の中で震えていました。8号門には軒先ていどの屋根しかないので、雨風が容赦なくやってくるのです。1日くらいなら我慢できますが、これが3回。風で荷物が飛ばされるし、洗濯物は乾かせないし、メンタルは最悪です。

でも「頑張って」と差し入れをしてくれる住民の方の親切でなんとか持ちこたえました。雨はイヤですね。特に台風だけは勘弁です。

〈その六〉ダフ屋の誘惑事件！

今でこそいなくなりましたが、昔の甲子園球場周辺には、いろいろな人がうろうろしていたものです。「ダフ屋」もそうです。甲子園の好カードになると1時間以上並ばないとチケットを買えないものですから、そういう「いかがわしい商売の人」が道行く人に「チケットあるよ〜」と誘うわけです。大阪周辺のチケットショップでは、中央特別自由席が定価の3倍、6000円で売られています。これも甲子園人気の凄さなのでしょうか。

僕はそういう人とは一切関わりませんが、10年くらい前だったか「チケットあるよ～」と近づいてきたダフ屋風のオバサンがいました。「あ、僕、通し券持ってます」。そう言おうと思ったのですが、そのオバサンは僕の顔を見ると「ハッ！（ラガーシャツの人だ！）」と気づいて、そのまま走って行ってしまいました。あれは一体なんだったのでしょうか。そして、あの時のチケットは一体いくらだったのでしょうか……。

あのオバサンには、それから一度も会うことはありませんでした。

〈その七〉皇太子様に「キンコン」聞かれなくて良かった事件！

皇太子様が甲子園にお見えになられた大会がありました。

２００９年、第91回選手権。甲子園の改修工事が終わり、スーパーシートが完成された大会です。皇太子様は開会式をこの席から見られたそうです。開会式への出席は、浩宮様だった１９８８年の第70回記念大会以来、2回目だそうです。この時、皇太子様はマウンドに上がり、始球式も行ったそうです（僕は見ていません）。

ＶＩＰの来場に合わせて、甲子園の雰囲気はそれまでとは全く違っていました。僕はいつも開会式リハーサルの日から8号門前に並ぶのですが、この時は警備員が「入場禁止」の看板を掲げて、近寄ることができませんでした。普段の２００人増、３５０人の警備体制だったそうです。「定位置」を失った僕は、仕方なく甲子園前の高架下に移動して、そこで一夜を過ごしました。２００３年（第85回選手権）に現役の首相では初となる小泉純一郎首相が始球式を行ったのですが、その時も同じような雰囲気でした。体の大きなＳＰが何人も付いていたのを覚えています。

03年と、09年。どちらとも、開会式に入るまでに持ち物検査と、金属探知機でのボディチェックがありました。全観客に行ったので大変時間がかかっていたようです。僕はあらかじめ腕時計を外していたので、検査にひっかからず速やかに入場できました。

僕の「キンコン（探知音）」が甲子園に響き渡らなくて本当に良かったです。

〈その八〉 高校球児とふれ合っちゃいました事件！

東海大甲府がベスト4になった2012年夏（第94回選手権）。和泉淳一部長がエース神原友投手に「ピンチになったらラガーさんを見て投げろ！」と助言していたそうです。和泉さんから聞いて笑ってしまいました。でもなんか嬉しかったです。

普段僕は選手に声をかけることはほとんどないのですが、これだけいろいろ活動していると、いろんな「縁」に恵まれます。例えば、2003年（第75回センバツ）の時、甲子園近くの銭湯で徳島商業の選手によく会いました。巨人に入った平岡政樹投手がいた時です。よく会うのでお風呂でけっこう話をしました。控えの子たちが人懐こくて野球部員の「本音」も聞かせてくれました（面白かったです）。

準決勝で成瀬―涌井のいる横浜に負けましたがベスト4は立派でした。

修徳のエース齊藤勝投手（現日本ハム）に遭遇したのは２００５年（第77回選手権）でした。８号門前でいつものように寝ていると、遠くから足音が聞こえてくるので起きて見たら、夜中に一人でランニングをする齊藤君でした。試合前夜、22時過ぎだったと思います。齊藤君の顔は神宮で見ていたので知っていました。声をかけると立ち止まってサインをしてくれました。頑張って欲しいなーと思いましたが翌日、一迫商に初戦負け。肩をケガしていたようです。そういう不安もあって、前夜、一人で走っていたのでしょうか。走ることが不安解消になっていたのかもしれませんね。

〈その九〉高級幕の内弁当がやって来た事件！

２０１２年（第84回センバツ）は雨の多い大会だったと前頁で書きまし

たが決勝戦（大阪桐蔭対光星学院）が中止になった時、ラッキーな出来事が起こりました。決勝が中止になって、8号門に戻ると神戸市東灘区の弁当屋「淡路屋」の人がやってきて「これ良かったら食べて下さい」と、段ボールに入った幕の内弁当を差し入れしてくれたのです。淡路屋と言ったら地元ではけっこう有名な弁当屋。1個1000円くらいする豪華なお弁当です。約30個を仲間4～5人でいただきました（でもさすがに全部は食べきれませんでした）。

気候に左右されるお弁当屋さんは大変ですよね。しかもこの日は昼には雨が上がって晴れたんですよね。試合中止か、決行か。その辺の「読み」も大変なんだろうなぁと思いました。

〈その十〉小学生の自由研究にされちゃいました事件！

昨夏（2013年、第95回選手権）の大会中、小学4年生の金本悠君

という子がお母さんと一緒に僕のところにやってきました。聞くと僕のことを夏休みの自由研究にしたいそうで、いろいろと質問があると言うのです。悠君は高校野球を見ていて「ラガーさん」の存在に気づき、ラガーシャツの色を毎試合記録につけるようになったそうです。

夏休みの自由研究とは驚きましたが、熱心に質問してくるので、喜んで答えてあげました。閉会式の後、悠君が完成した自由研究と写真と手紙を持ってきてくれました。タイトルは「第95回全国高校野球全試合を見ているシマシマのおっちゃん」。

後日、ご両親から連絡があって、その作品が芦屋市で「教育長賞」を取ったのだそうです。僕は何もしてませんが、悠君の野球が好きな気持ちが実ったのでしょう。「いつかラガーさんみたいな体験をしたい」と言っていたので、もし本気ならお父さん、お母さんとよく相談して、ラガーさんのところに来てもらいたいですね。

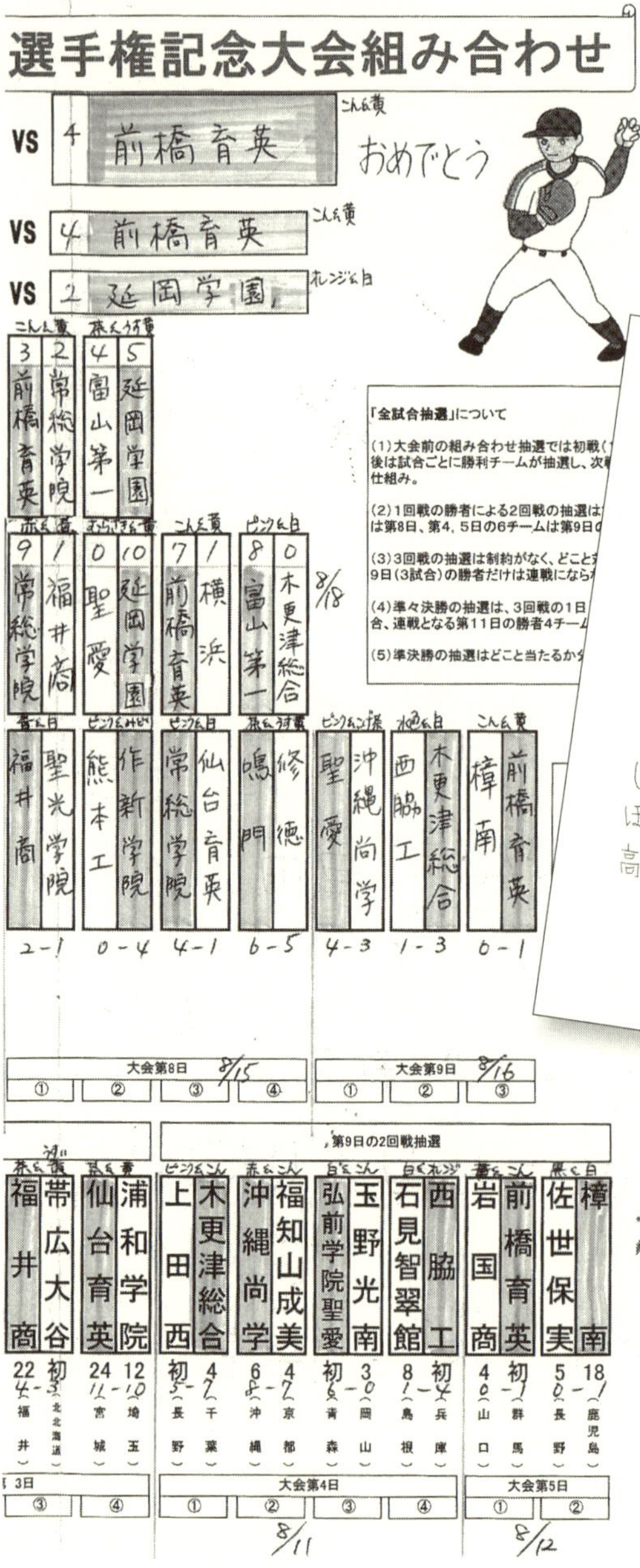

神戸の小学生、金本悠君の夏休み自由研究「第 95 回全国高校野球全試合を見ているシマシマのおっちゃん」。毎日お母さんと協力して、ラガーさんのシャツの色を観察。芦屋市で賞を取りました！

第95回　全国高校野球

決勝戦 8/22　延岡学園 3

開会式　8月8日　午前9時
阪神甲子園球場

準決勝第1試合 8/21　日大山形 1

準決勝第2試合　花巻東 0

○囲み数字は試合順
数字は出場回数
初は初出場

準々決勝 8/19

色	学校	出場回数
オレンジと白	鳴門	4
	花巻東	5
赤と白	明徳義塾	3
	日大山形	4

3回戦 8/17

色	学校	出場回数
白とオレンジ	花巻東	7
	済美	6
茶とうす黄	明徳義塾	5
	大阪桐蔭	1
白と赤	鳴門	17
	常葉菊川	1
白と黄	作新学院	2
	日大山形	5

2回戦

色	学校	出場回数	得点	都道府県	日程	試合順
ピンクとこん	延岡学園	7	4	宮崎	大会第5日	③
	自由ケ丘	初	2	福岡		
ピンクと白	丸亀	4	1	香川	大会第6日	①
	横浜	15	7	神奈川		
赤と白	日大山形	16	7	山形		②
	日大三	16	1	西東京		
こんと白	花巻東	7	9	岩手		③
	彦根東	初	5	滋賀		
茶とうす黄	明徳義塾	15	2	高知	8/13	④
	瀬戸内	2	1	広島		
みどりとくろ	秋田商	17	0	秋田	大会第7日	①
	富山第一	初	5	富山		
白とオレンジ	済美	4	9	愛媛		②
	三重	11	7	三重		
グリーンと白	常葉菊川	4	5	静岡	8/14	③
	大垣日大（有田工）の勝者		3			
オレンジとこん	大阪桐蔭		4			④
	日川		3			

1回戦

第7日の2回戦抽選　第8日の2回戦抽選

色	学校	出場回数	得点	都道府県	日程	試合順
オレンジと白	大垣日大	2	4	岐阜	大会第1日 8/8	①
	有田工	初	5	佐賀		
グリーンと白	日本文理	7	2	新潟		②
	大阪桐蔭	7	10	大阪		
黄とピンク	箕島	8	2	和歌山		③
	日川	4	4	山梨		
赤と白	聖光学院	10	4	福島	大会第2日 8/9	①
	愛工大名電	11	3	愛知		
グリーンと黒	熊本工	20	3	熊本		②
	鳥取城北	3	2	鳥取		
赤と白	大分商	15	2	大分		③
	修徳	5	8	東東京		
黄とみどり	常総学院	15	6	茨城		④
	北照	3	0	南北海道		
オレンジとこん	鳴門	8	12	徳島	大会第3日 8/10	①
	星稜	16	5	石川		
みどりとピンク	作新学院	9	10	栃木		②
	桜井	初	3	奈良		

おじちゃん ふく

ぼうし　いつもきみどり色

［コラム］ラガーさんおススメの、甲子園の味

創業48年〝甲子園のオヤジ〟が作る、巨大カツ丼

大力食堂

甲子園滞在中ラガーさんの荷物を預かってくれているのが「大力食堂」の藤坂さんだ。「甲子園のオヤジ」と慕っており人情あふれる人柄と、巨大なカツ丼がラガー魂を支えている

「（大）きな（力）をつけて欲しい」と願って48年間厨房に立つ。店主の藤坂悦男さんと妻初枝さん

「何でも相談に乗ってくれる頼れる人。僕にとって甲子園の〝オヤジ〟ですね」。20年以上前からラガーさんがお世話になっている人、それが大力食堂の店主、藤坂さんだ。藤坂さんは48年前に「一面がイチゴ畑だった」（藤坂さん）甲子園町に、大力食堂をオープン。地元労働者のための大衆食堂として人気を集めてきた。名物メニューは米2合半を使った巨大な「カツ丼」。「完食すると願いがかなう」ゲン担ぎメニューで全国から挑戦者が後を絶たない。完食の証である「色紙」には甲子園出場の高校球児はもちろん、アメフト、柔道、ヨット、バレー部の名門校が並ぶ。

「このカツ丼には大将の愛情が詰まっているんです。今は無理だけど若い頃は僕も完食したよ」。ラガーさんは甲子園入りすると真っ先に藤坂さんにあいさつし、2階の片隅に荷物の一部を置かせてもらう。着替えのラガーシャツなど私物が多いからだ。藤坂さんは言う。「善ちゃん（ラガーさん）はね、下手な解説者よりも話が面白いんだ。性格は純粋でクソが付くくらい真面目な男。僕は甲子園に来る人には、全員いい思い出を作って帰ってもらいたいんだよ。善ちゃんだけでなく、ここに来る人みんな元気になって欲しいから応援しているんです」。人情あふれる人が集まる甲子園。ラガーさんは人情エネルギーをたっぷりもらい、今年もここを拠点に8号門の前に並ぶ。

「完食すると願いがかなう」と評判の名物カツ丼（800円）。米2合半。大人の顔ほどの大きさ

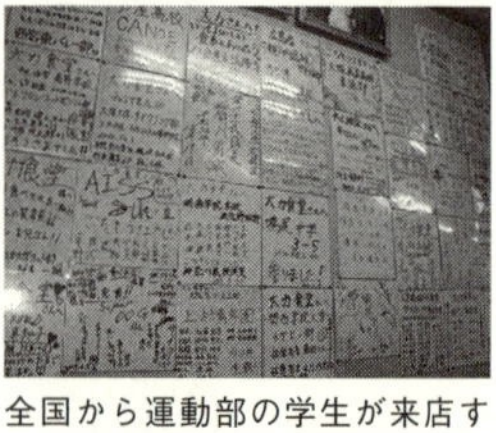

全国から運動部の学生が来店する。「完食」の証である色紙が店の壁を埋め尽くしている

▼大力食堂（だいりきしょくどう）

住所　兵庫県西宮市甲子園網引町2-29
場所　阪神甲子園球場から徒歩8分
電話　0798（49）0800
年中無休（月1回不定休）

第4章　ラガーさんランキング

豪腕ベスト10

豪腕ナンバーワンは、左で156㎞を出した辻内投手

豪腕1位は、間違いなく【大阪桐蔭・辻内投手】ですね。今まで甲子園で見た投手の中ではナンバーワンだと思います。何がすごいかと言うと、ボールの迫力とスピードです。当時（第87回選手権）、左で156㎞投げる投手は誰もいなかった（左腕では国内最速）。ネット裏から見ていて速すぎてボールが見えなかった記憶があります。2回戦の藤代戦で19奪三振を記録しました（大会タイ記

RANKING

1位	辻内崇伸	（大阪桐蔭	○75 □87	左投左打）
2位	安楽智大	（済美	○85 □95	右投左打）
3位	佐藤由規	（仙台育英	□88 ○79 □89	右投左打）
4位	田中将大	（駒大苫小牧	□87 □88	右投右打）
5位	菊池雄星	（花巻東	□89 ○81 □91	左投左打）
6位	山口　俊	（柳ヶ浦	□85 ○77	右投右打）
7位	松坂大輔	（横浜	○70 □80	右投右打）
8位	藤浪晋太郎	（大阪桐蔭	○84 □94	右投右打）
9位	真壁賢守	（東北	□85 ○76 □86	右投右打）
10位	松田遼馬	（波佐見	○83 □93	右投右打）

○数字＝春・センバツ　□数字＝夏・選手権など

録）。コンスタントに１５０㎞以上出ていましたから、やっぱり「豪腕」だと思います。速球派といえば寺原隼人投手（日南学園）も速かったけど、寺原投手の場合は１球か２球しか出なかった。辻内投手は１試合を通じての凄みを感じましたね。準決勝ではマー君（田中将大投手）擁する駒大苫小牧に延長10回の末５‐６で敗退。コントロールにバラつきがあって、荒れ球が多かったせいで負けてしまいました。彼は高校生ドラフト１巡目で巨人に入団して、けっきょく１軍で１度も投げないまま昨年引退しました。プロでは花開かなかったけど、僕の中のナンバーワンは、今のところ彼しか考えられません。

２位の【済美・安楽投手】はまだ記憶に新しいので選びました。昨春（第85回センバツ）は速かった！　特に初戦（２回戦）の広陵戦は、下石涼太投手との投げ合いになり、延長13回４‐３で勝利するのですが、３‐０から９回表に同点に追いつかれた後からの投球はギアを１ランク上げての投球に切り替わったのを感じました。疲れもあって決勝で敗れましたが、夏の甲子園でも力投を見せました。２年生豪腕として２０１４年も楽しみに注目したい投手です。

３位の【仙台育英・佐藤投手】は、フォームに迫力がありやはり「豪腕」というオーラを感じた投手ということで3位に挙げました。２００７年は中田翔選手（大阪桐蔭）と、唐川侑己投手（成田）の３人で「ＢＩＧ３」と呼ばれていましたよね。３年夏（第89回選手権）の初戦で智弁和歌山の坂口選手にスライダーをスタンドまではこばれたこともありましたが、１５４㎞の直球とのコンビネーションは見ていて興奮しました。4位は【駒大苫小牧・田中投手】です。マー君といえば、２年夏（第87回選手権）で見せたマウンド上の「雄たけび」が印象的でした。まさに夏の2連覇達成の立役者だったと思います。３年の夏はコンディションが悪かったように感じました。１５０㎞が

佐藤由規投手
（仙台育英）

安楽智大投手
（済美）

辻内崇伸投手
（大阪桐蔭）

1球もなかったように思います。3連覇は達成できませんでしたが、それでも決勝戦再試合までやって、準優勝ですからね。ヤンキースと7年1億5500万ドル（約161億円）の契約を結びましたが、高校時代からそれだけの素質があったピッチャーだったと思います。

5位は【花巻東・菊池投手】です。菊池投手といえば、152㎞を計測した3年春（第81回センバツ）、初戦の鵡川戦で初球をネットに向かって大暴投したのを1番よく覚えています。ちょうど僕が座っているあたりに投げてきてヒヤッとしました。きっとあれで緊張を解きほぐしていたのではないかと思います。今見

真壁賢守投手
（東北）

菊池雄星投手
（花巻東）

田中将大投手
（駒大苫小牧）

ても、当たった部分のネットの鉄網がグニャッと曲がっているので相当強いボールだったんだなと思い出しますね。

　松坂投手以上に球に力を感じたのが6位に挙げた【柳ヶ浦・山口投手】。1年夏（第85回選手権）、2年秋の神宮大会優勝から見ていたぶん、甲子園でも威圧感を感じました。7位の【横浜・松坂投手】はやっぱり2年秋の関東大会が素晴らしかったので甲子園は物足りなかったなという印象で7位に。8位の【大阪桐蔭・藤浪投手】は、身長197㎝から角度のある直球が低目に決まる時にバシッという音が聞こえました。花巻東・大谷投手と投げ合った第84回センバツは、どちらも調子が今ひとつで少し物足りなかったですが、そういう対戦を最前列席から見られたのは幸せでした。予選で160㎞を出した大谷投手との春の対戦は「世紀の一戦」でした。9位の【東北・真壁投手】は、僕の中ではダルビッシュ投手以上。サイドで140㎞は速いですが、もっと出ているようにも感じたほどでした。連打を許さない「勝てる」投手だったと思います。第83回センバツ初戦で横浜を抑えた【波佐見・松田投手】は、前評判以上に球が速かったなという印象です。阪神からドラフトされたのも納得できます。

記憶に残る投手

ナイター延長15回のアン投手の負けん気投球

僕なりに見ていて記憶に残るピッシャーがいます。豪速球を持っているわけではないのに、打者を抑えたり、マウンドでの立ち振る舞いが好みだったりして、つい応援したくなってしまいます。プロ注目選手とは一味違った「記憶に残る投手」を5人挙げてみました。

1位は【東洋大姫路・アン投手】です。

1年夏（第83回選手権）に甲子園デビューした時はベトナム国籍のピッチャーと

RANKING

1位	グェン・トラン・フォク・アン	（東洋大姫路	[83] (75)	左投左打）
2位	真壁賢守	（東北	[85] (76) [86]	右投右打）
3位	浜名　翔	（東海大浦安	[82]	右投右打）
4位	比嘉　裕	（宜野座	(73)	右投右打）
5位	片山マウリシオ	（羽黒	(77)	右投右打）

して話題になりました。小柄で負けん気の強さが顔に出ていて表情を見るのも楽しかったです。3年春（第75回センバツ）では準々決勝の花咲徳栄戦で延長15回を投げきってベスト4に。ナイターの延長戦も好きなのでアン投手を選びました。

2位は【東北・真壁投手】です。豪腕ランキングでも選びましたが、やはり記憶に残るピッチャーでもありました。黒ブチのメガネとポーカーフェイス。淡々と打者をかわしていく投球術は素晴らしかった。背番号18でしたが、他の高校へ行ったらエースで甲子園に出場したと思います。表示より速く見える140㎞。サイドスロー投手の概念を大きく変えてくれた好投手でした。

3位の【東海大浦安・浜名投手】は大会前はノーマークだったので準優勝には驚きました。背番号4の〝エース〟なんて他にいたでしょうか？　少しサイド気味で、切れ味鋭いシュートを武器にインコースを突く強気な投球が印象的でした。

4位の【宜野座・比嘉投手】の「宜野座カーブ」も忘れられません。2001年第73回センバツ、この大会から「21世紀枠」ができて、宜野座が最初の推薦校でした。今でこそ定着している21世紀枠ですが、当時は話題性が先行して、選手たちもプレッシャーがあったと思います。その中でベスト4まで勝ち上がった比嘉投手はしっかりと実力を出し切りました。沖縄のチームが勝つと、甲子園は本当に盛り上がるんですよ。必ずウエーブが起こります。豪速球がなくてもコントロールと変化球で抑えるピッチャーにとって、比嘉投手の姿は勇気を与えたんじゃないかなと思います。

5位の【羽黒・片山投手】もファンの心に残るピッチャーでしたね。3年春（第77回センバツ）は130km台の直球と変化球で抑えてベスト4入り。日系ブラジル人選手でクリスチャンだったこともあり、マウンドで十字を切って祈っていた姿に驚きました。延長12回サヨナラ暴投で負けた涙が印象的です。

片山マウリシオ投手
（羽黒）

浜名翔投手
（東海大浦安）

フォク・アン投手
（東洋大姫路）

スラッガー

中段まで運ぶ中田投手のパワーに驚愕

1位は【大阪桐蔭・中田選手】です。

1年夏から甲子園を沸かせている選手ですが、1番驚いたのは2年夏（第88回選手権）の初戦です。センバツで優勝した横浜といきなりの対戦になったのですが、8回、落司雄紀投手の球を甲子園左翼の中段、当時カップヌードルの看板のところまで飛ばしてホームランにしました。甲子園の中段まで飛ばせる打者はそういません。中田選手に関しては、彼が

RANKING

1位	中田　翔	（大阪桐蔭	[87][88](79)	右投右打）
2位	筒香嘉智	（横浜	(80)[90]	右投左打）
3位	園部　聡	（聖光学院	(84)[94](85)[95]	右投右打）
4位	丸子達也	（広陵	(82)[92]	左投左打）
5位	大谷翔平	（花巻東	[93][94]	右投左打）

2年の秋に和歌山・紀三井寺球場で行われた近畿大会を見に行ったほどです。この試合で「推定170m」のホームランを彼は打っています。翌日の新聞の一面にもなるくらいのビッグニュースになりました。まさにスラッガーらしいスラッガーだと思います。打撃フォームもインパクトありましたもんね。ちょっとこう…なんていうか、独特のポーズを取るんですよね。ピッチャーを威圧するポーズというか。とにかく飛距離を出せる打者という意味では僕の中でナンバーワンです。大阪桐蔭には、おかわり君こと中村剛也選手（西武）や平田良介選手（中日）などいい選手がたくさんいますよね。い

園部聡選手（聖光学院）

筒香嘉智選手（横浜）

中田翔選手（大阪桐蔭）

ったい、普段からどういう打撃練習をしているのか、1度見に行ってみたいものです。

2位の【横浜・筒香選手】は、甲子園でコンスタントに打った選手と言うイメージがあります。2年夏(第90回選手権)の活躍が素晴らしかったですよね。初戦の浦和学院戦では先制本塁打、準々決勝の聖光学院戦では満塁弾を含む2打席連続本塁打を打ち、甲子園アーチ計3本。あの時は彼が横高の歴代ナンバー1スラッガーなんじゃないかと思ったほどです。威圧のある左バッターとしては第1位ですね。

3位は【聖光学院・園部選手】です。聖光学院が甲子園で優勝を狙えるチームになってきたのは園部選手の存在があったからだと思います。4季連続甲子園出場ということで、打席での風格がありました。体が大きくて、お尻と太もものあたりの重量感が後ろから見ていても、他の選手とは段違いだったと思います。甲子園で2本ホームランを打ちましたが、どちらもバックスクリーン弾。どちらの球も、真ん中よりのボール球でしたが力強いスイングでバックスクリーンに持っていきました。豪快な打球音が甲子園に響いて、打球がゴゴゴ……という音を立てながらグングン伸びて行きました。オリックスでもあのパワー打撃を発揮して欲しいです。

4位の【広陵・丸子選手】で印象的なのは2年春（第82回センバツ）の準決勝、日大三の吉永投手から打ったホームランです。雨風が吹く中、ライトスタンドに弾丸ライナーで入っていきました。金属バットだからというものありますが、186㎝、87㎏の体格で17打数7安打1本塁打。2年生らしからぬ堂々とした打撃で広陵史上最強のスラッガーと言われたそうです。卒業後は早稲田大に進み、吉永投手とチームメートになってプレーしています。バットが木になってもホームランを打っているそうです。

5位は【花巻東・大谷選手】を挙げました。3年春のセンバツで大阪桐蔭・藤浪投手と対戦し、低めの球を簡単に右翼へホームランにしていました。打たれた藤浪投手は淡々と、悔しそうにしている様子はなかったのですが、この1発がファンや野球関係者に強烈なインパクトを与えたことは確かです。昨年から二刀流で話題になっていますが、どちらの可能性も伸ばしたいという悩みは、この1発を見てもよくわかりますね。

安打製造機

2年生の森友哉選手の伸び伸びとした打撃

スラッガーというタイプじゃないけれど、いい打者であることは間違いない。その最たる選手が1位に挙げた【大阪桐蔭・森選手】だと思います。

清原選手（PL学園）や松井選手（星稜）が持っている迫力には及びませんが、来た球を確実にミートする能力は秀でたものがありました。ただ、森選手は3年生よりも2年生の時のほうが良かったです。春夏連覇という結果にも現れていま

RANKING

1位	森　友哉	（大阪桐蔭	(84)[94](85)[95]	右投左打）
2位	竹内晋一	（智弁和歌山	[81](72)[82]	左投左打）
3位	堂林翔太	（中京大中京	(80)(81)[91]	右投右打）
4位	佐藤拓也	（浦和学院	(83)(84)[94]	右投左打）
5位	田村龍弘	（光星学院	(83)[93](84)[94]	右投右打）

すが、先輩の藤浪投手とバッテリーを組んでいた時はのびのびと自分のペースで打席に入っていたと思います。3年生になって、キャプテンも務めて、負担が重くなってしまったのではないでしょうかね。バッティングが消極的になってしまった印象がありました。西武にドラフト1位で入団しましたが、2年生の時のような自然体の打撃を思い出して、パ・リーグ首位打者を取ってほしいですね。

2位は【智弁和歌山・武内選手】です。いまヤクルトでは苦戦していますが、高校時代は本当にいい打者でした。その頃の記憶が忘れられないファンは私だけじゃないと思います。1位の森選手と少し

堂林翔太選手
（中京大中京）

田村龍弘選手
（光星学院）

森友哉選手
（大阪桐蔭）

かぶりますが、小柄な体格でとにかくバットコントロールが素晴らしい。広角に打てる技術を持っていて、どんなピッチャーからでも安打を打っていた印象です。第72回センバツの香月良太投手（柳川）との勝負も覚えています。通算47ＨＲという本塁打数ですが、あえて「安打製造機」に選びました。3度甲子園に出場していますが、最後の夏は公立の和歌山工業に1回戦負けをして甲子園には行けませんでした。最後の夏に出ていたらどんなバッティングを見せてくれたかなと思います。

3位は【中京大中京・堂林選手】です。いまや広島カープの若手有望株として人気を集めていますが、高校時代からピッチャーよりも、4番打者を務めた打撃のセンスが高いなと感じていました。彼は右打者ですが、逆方向に大きいのを打てる長所がありました。逆方向へわざと狙って打っているような雰囲気がありました。堂林〝投手〟と言えば、2009年（第91回選手権）の決勝で日本文理に1点差まで迫られ、優勝インタビューで「すいませんでした」と涙したシーンが有名ですね。そうとう悔しかったんだと思います。甘いマスクで女性人気も高いですが、そういう負けず嫌いな性格がここまでの活躍の土台となっているのでしょう。

4位は【浦和学院・佐藤選手】です。

彼も堂林選手と同じ、エース兼好打者の選手です。1番か3番の打順を打っていましたが、足も速くて、バランスがいい選手でした。走力とのコンビネーションで塁をかき回す、器用なアベレージヒッターだったと思います。投げない時はセンターを守っていましたが、肩も強くて華のある選手でしたね。明豊からソフトバンクに入団した今宮健太選手のように、野手とピッチャー、両方でセンスがあるので、立教大で力を伸ばしてプロを目指してほしいです。

5位は【光星学院・田村選手】です。準優勝を果たした2年生の夏（第93回選手権）から有名な選手でしたね。体が小さいのにパンチ力があって、柔らかい強さを持った選手だったと思います。光星学院と言えば、先輩に坂本勇人選手（巨人）がいますが、坂本選手はほとんど記憶にないのに、この田村選手はビビッと来ました。2年春（第83回センバツ）出てきた時は長距離も打てる安打量産型バッターだと感じました。2年の時はサードを守り、3年生ではキャッチャー。守備の要も務め、準優勝を3季連続果たしただけはある実力です。

名監督

百戦錬磨の仁王立ち！　高嶋監督

ネット裏の最前列で見ていると、監督の声が聞こえてきます。身振り手振りの大きさや、ベンチに下がったり、出て来たり……と試合中の様子が丸見えです。そんな人間性が垣間見える「名監督」ベスト5を挙げさせていただきました。

1位は、全国ナンバーワンの甲子園勝利数63を挙げている【智弁和歌山・高嶋監督】です。腕組みしてベンチ前に立つ姿が1番印象的ですよね。30人という少

西谷浩一監督
（大阪桐蔭）

高嶋仁監督
（智弁和歌山）

ない部員数なのに甲子園で安定して勝っているのですから、普段からいい指導をされているのだと思います。甲子園ではありませんが2012年春に近畿大会の智弁和歌山対明石を観に行った時、試合中、智弁の選手が明石の選手をバカにしたような発言がありました。その時、高嶋監督が自チームの選手を大声で怒鳴り、球場が一瞬静まりかえりました。「熱い一面を持っている」と聞いていましたが、甲子園では常に冷静な高嶋監督が、自分の選手のマナーの悪さにはカミナリを落とすのだなと思いました。それが一般のファンが大勢集まる公式戦の場でもです。甲子園の外で「教育者」の一面も見た気

RANKING

1位	高嶋　仁監督（智弁和歌山）	33回	63勝30敗	（1）	春1夏2
2位	西谷浩一監督（大阪桐蔭）	9回	27勝 6敗	（15）	春1夏2
3位	前田三夫監督（帝京）	26回	51勝23敗	（3）	春1夏2
4位	渡辺元智監督（横浜）	26回	51勝21敗	（3）	春3夏2
5位	馬淵史郎監督（明徳義塾）	24回	42勝23敗	（5）	春0夏1

＊数字は甲子園出場数、通算勝敗数（勝利数順位）、優勝回数

がします。

　2位は【大阪桐蔭・西谷監督】です。たった9回の出場で3度の全国制覇は凄い。いま時代は大阪桐蔭と言ってもいいでしょう。大阪桐蔭の強さを支えているのは、全国からいい選手が集まっている所ですよね。そういういい選手をつぶさずにちゃんと伸ばし、しっかり使いこなしているのは西谷監督の実力だと思います。どっしりと構え、ベンチではほとんど動きませんが、伝令を出すタイミングなど、絶妙の采配が随所に光る名将だと思います。

　3位は【帝京・前田監督】です。昔からお世話になっていることもありますが、

馬淵史郎監督
（明徳時塾）

渡辺元智監督
（横浜）

前田三夫監督
（帝京）

人間的に魅力がある監督さんです。電話で話していても、いつも「お身体を大切に」と言ってくれて恐縮しています。前田監督には昔のようなスパルタ指導はもうできないけれど指導法を変えてからは、また違った帝京野球のカラーが出てきていて、楽しみなんです。東京は日大三高、早稲田実だけじゃないゾ！　という所を、東東京代表として見せて欲しいですね。

4位は【横浜・渡辺監督】です。甲子園優勝5回という実績は凄すぎます。今年69歳。今春のセンバツ出場が決まっていますが、お孫さんの佳明選手（3年一塁手）がいるのでかなり上位を狙っているのではないかなと思います。センバツと言えば2012年（第84回センバツ）の準々決勝、関東一戦で三塁走者の本塁ベース空過がありました。あの時、渡辺監督がけっこう怒った感じで審判に「踏んだ」とアピールする場面がありました。目の前で見ていたのでわかりますがあの時、尾関選手はベースを「踏んで」いました。渡辺監督が怒鳴りたくなる気持ちもわかります。ラガーさんも見ていたのですから……。

5位は【明徳義塾・馬渕監督】です。この5人の中で1番勝利への執念を持っている監督です。四国大会の時は大きな声で指示を出していますが、甲子園では割と冷静に采配していますね。

ベストナイン

こんなオールスターチームを、見てみたい！

中堅
佐藤拓也
（浦和学院・右投左打）
(83)(84)[94]

右翼
大谷翔平
（花巻東・右投左打）
[93](84)

遊撃
森岡良介
（明徳義塾・右投左打）
[82][83](74)[84]

二塁
林裕也
（駒大苫小牧・右投左打）
[86](77)[87]

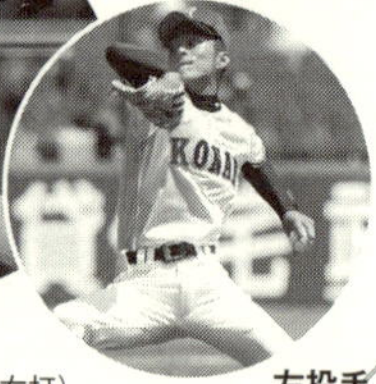

右投手
藤浪晋太郎
（大阪桐蔭・右投右打）
(84)[94]

左投手
島袋洋奨
（興南・左投左打）
(81)[91](82)[92]

一塁
武内晋一
（智弁和歌山・左投左打）
(81)[72](82)

捕手
高城俊人
（九国大付属・右投右打）
[91](83)[93]

左翼
鵜久森淳志
（済美・右投右打）
76 86

三塁
筒香嘉智
（横浜・右投左打）
80 90

今まで甲子園で見てきた選手の中から「ベストナイン」を選んでみました。こうして見ると、僕はやっぱり「勝ち運」のある選手が好きみたいです。優勝経験選手がズラリとそろってしまいまして、マニアックな選出を期待していた読者の方には最初にスイマセン！　と謝っておきましょう……。

〈投手〉

投手は「春夏連覇」をキーワードに選びました。

まず、右投手は【大阪桐蔭・藤浪晋太郎投手】です。豪腕の頁でも書きましたが、角度の鋭い150㎞の速球がすべて低めに集まる技術は見ていて圧倒されます。バントもさせません。第84回センバツ準々決勝・浦和学院戦で無死満塁から三者三振を取ったように、ここ1番での勝負強さが光りますね。

そして、左投手は【興南・島袋洋奨投手】を選びました。独特のトルネード投法でこちらも人気のあったピッチャーだったと思います。2年春と夏に甲子園出場しますが、いずれも初戦負け。そこから「甲子園1勝」を目標に掲げて努力したのでしょう。3年春と夏で優勝ですからね。努力が実を結んだ彼の「進化」に感動。サウスポーNO．1に選びました。

〈捕手〉

【九国大付属・高城俊人選手】です。3年春（第83回センバツ）の初戦、前橋育英戦で1回裏に先制2ランを打った時、久々にスケールの大きなキャッチャーが現れたな！　と思ったものです。試合前ノックのボール回しを見ても肩はべらぼうに強いし、4番を務める打撃もいい。プロに行くなと直感しました。いろいろなキャッチャーがいますが、総合力の高さで高城選手がNO．1です。

〈一塁手〉

同じ智弁和歌山の坂口真規選手と迷いましたが、【智弁和歌山・武内晋一塁手】を選びました。「安打製造機」の項でも書きましたが、コンスタントに打てるアベレージヒッターとしては最高の打者だと思います。2年の春夏で準優勝、優勝に貢献したのも立派です。個人的には春（第72回センバツ）の決勝。2点ビハインドの9回2死一、二塁の好機で回ってきて、筑川利希也投手に外の球を振らされて三振。最後のバッターとして涙を呑んだ姿も、名シーンとして心に残っています。決勝ラストシーンはいつも役者がそろいます。

〈二塁手〉

センス抜群の【駒大苫小牧・林裕也選手】です。2年夏（第86回選手権）準々決勝は横浜の涌井秀章投手から先制ホームランを含むサイクル安打（史上5人目4打点）を記録。「打てばヒット」という感じの大活躍でした。決勝でエース福井優也投手擁する済美を下し、北海道勢初の優勝を果たしました。翌夏はキャプテンとして連覇。実力と強いリーダーシップを発揮しました。ネット裏の席にいると優勝インタビューが聞こえないのでいつも残念です。

〈三塁手〉

【横浜・筒香嘉智選手】です。スラッガーベスト5でも挙げましたが、ボールを呼び込んでライトに楽々とスタンドイン。2年夏（第90回大会）の3本塁打が痛烈に頭に残っています。しかもあの大会は浦和学院、広陵、聖光学院という「強豪校」を打ち破ってのベスト4。智弁和歌山・坂口選手、大阪桐蔭・浅村選手など強打者がそろった「打高」の年であったと思います。

〈遊撃手〉

【明徳義塾・森岡良介選手】です。明徳義塾初優勝（第84回選手権）のキャプテン。1年の時から「天才内野手」と呼ばれていました。その経験値が甲子園優勝の要因でしょう。中日にドラフト1位指名され伸び悩みましたが、甲子園で見た守備の確実性、躍動感は僕から見て「立浪2世」だと思いました。仲間への声掛けも積極的で、馬淵監督の指導をよく理解している選手だなと思ったものです。今年からヤクルトの選手会長になったので明徳時代のキャプテンシーを発揮して欲しいです。

〈左翼手〉

187㎝、80kg（当時）の体格でホームランを量産した【済美・鵜久森淳志選手】です。ナイターのセンバツ決勝戦（第76回）も印象的でしたが、春夏連覇をかけて戦った駒大苫小牧との決勝戦（第86回選手権）、激しい打撃戦になり見応えがありました。済美は10‐13の敗戦で、鵜久森選手も最後にホームランが出ず悔やんでいましたが春夏計5発の甲子園アーチは誰の記憶にも残ったことでしょう。済美の創部1期生ということで、上甲監督の思い入れも強かったと思います。宇和島東時代と同じセンバツ初出場初優勝。

感動です。

〈中堅手〉

安打製造機にも選びましたが【浦和学院・佐藤拓也選手】を挙げたいと思います。2年春からエース番号をつけ、甲子園に3季も出場。ピッチャーとして注目されましたが、僕から見た佐藤選手は「打撃センスの塊」と言った感じ。広角に打ち分けるシュアな打撃と、高い走塁技術に注目していました。3年春（第84回センバツ）準々決勝で大阪桐蔭に敗れたのですが、藤浪投手からしっかりとレフト前ヒットを打っています。個人的な話になりますが、佐藤選手のお父さんに球場で声をかけてもらってから応援にも力が入るようになりましたね。（お父さん、とてもいい方です）

〈右翼手〉

ライトは【花巻東・大谷翔平選手】を選びました。甲子園では勝ち運に恵まれませんでしたが、個人の能力的には群を抜いていた打者でした。地肩が強く、東北大会で見たセカンドへの送球は矢のような速さと正確さがありました。足は速い方ではないけれど、あの肩と、恵まれた体格が産み出す飛距離を考えると僕は「野手大谷」に1票！　球界の人気選手なのでフル出場、お願いします！

決勝名勝負10選

ネット裏からいろいろな「真実」を観ました！

決勝戦観戦歴は25年以上になります。印象的だった10試合挙げてみました。

【東邦3×－2上宮（延長10回）】延長10回裏、サード種田仁選手の暴投でサヨナラ試合に。上宮は元木大介選手が隠し玉（高知商戦）などでも話題でした。

【育英3－2春日部共栄】井上、酒谷、松本という3投手の継投と、バント戦法にこだわった日下監督のセーフティスクイズ（8回）で土肥義弘投手を攻略しての初優勝でした。

10 SELECT

1989年	東邦ー上宮	（第61回センバツ）
1993年	育英ー春日部共栄	（第75回選手権）
1994年	佐賀商ー樟南	（第76回選手権）
1996年	松山商ー熊本工	（第78回選手権）
1999年	沖縄尚学ー水戸商	（第71回センバツ）
2004年	済美ー駒大苫小牧	（第86回選手権）
2006年	早稲田実ー駒大苫小牧	（第88回選手権）
2007年	佐賀北ー広陵	（第89回選手権）
2009年	中京大中京ー日本文理	（第91回選手権）
2010年	興南ー東海大相模	（第92回選手権）

【佐賀商8－4樟南】4番西原正勝選手の9回勝ち越し満塁ホームラン。出会い頭という感じの当たりで、フワフワ～と左中間スタンドに入った。福岡真一郎投手―田村恵捕手の涙が印象的でした。

【松山商6－3熊本工（延長11回）】10回裏ライト矢野勝嗣選手の奇跡のバックホーム。送球は山なりでしたがミットに吸い込まれるように入りました。

【沖縄尚学7－2水戸商】沖縄勢の悲願達成。初優勝ですね。東浜巨投手の活躍で球場のウエーブが止まらなかったです。

【済美13－10駒大苫小牧】北海道勢の初優勝。日大三や横浜、春の覇者済美に強打で打ち勝った。日本ハムが北海道移転した年でもありました。

【早稲田実4－3駒大苫小牧】3連覇を狙う駒大苫小牧。田中将大投手の調子が悪かった。150㎞を超える球が1球でもあれば……。

【佐賀北5－4広陵】「えー!?」という声が出た決勝戦は歴史的にもこの試合だけでは。8回は僕の位置から見てストライク。全体的に判定が辛い試合でした。

【中京大中京10－9日本文理】優勝投手が堂林翔太ではなく森本隼平選手というところがポイントですよね。

【興南13－1東海大相模】初の沖縄夏制覇で場内が沖縄色一色。相模はアウェー感との戦いでもあったと思います。

［コラム］

ラガーさんに聞きたいQ&A

ラガーさんに「あえて聞いて欲しい質問」を野球場にいるファンの方から集めてみました。42の質問を全力で答えてくれたラガーさん。ゆるく、脱力してお読みください。

1 ▼Q テレビじゃ味わえない最前列席の魅力は？

A **迫力！ 自分の目で360度のパノラマが見られること！**（編：360度!?）

2 ▼Q 健康のためにやっていることは？

A **自転車だね。大宮まで**（約27km）**行ったことがあるよ**（巣鴨から）

3 ▼Q ふるさと自慢をしてください（巣鴨）

A **おばあちゃんの原宿**

4 ▼Q 腕立て伏せは何回できる？

A **10回。腕は細いの**（編：太さは聞いてない）

5 ▼Q 変身できるとしたら誰になりたい？

A **イチローとかBIGな選手**

6 ▼Q マッサージは好き？

A **ゼンゼン好きじゃない**

7 ▼Q カラオケの18番は？

A **20年前に唄った北酒場**（編：細川たかしですね）

8 ▼Q 人付き合いで大切にしていることは？

A **約束は守る 待ち合わせ時間に遅れない**（編：確かに……）

9 ▼Q ラガー活動を頑張れる理由は？

A **あの席に座りたいという思いだけだね**

10 ▼Q 自分の性格で好きな所は？

A **友達が多いところ**

11 ▼Q 長所と短所は？

A **長所 穏やかなところ**
短所 気性が激しいところ（編：え、どっち……？）

12 ▼Q 電話友達は？

A **300人**

13 ▼Q なぜいつも健康なんですか？

A **親の遺伝。イチローとか松井秀喜と一緒で**（編：……。）

14
Q 日本の若者に一言
A **ガンバレとか言える立場じゃない**

15
Q 若い頃、終電を逃した回数は？
A **0回**

16
Q ラガーさんにとって「不安」とは？
A **いつまで、あの席で野球を見ていられるのか……**

17
Q ラガーさんの食パターンは？
A **リンゴが嫌いで、梨は好き**

18
Q テレビや雑誌に出ている自分に一言
A **中途半端だね。トークが不満！**

19
Q 芸能人のお友達は？
A **芸人のいけだてつやさん**

20
Q 知っている英語を一つ！
A **YES！ NO！**（編：2つ!?）

21
Q なぜ戦争がなくならないのでしょうか？
A **考え方の違いかな。野球で言ったら応援してるチームが人によって違うように**

22
Q いじめについてどう思う？
A **ネットやメールでいじめるのは反則**

23
Q 住みたい土地は？
A **下北沢。雰囲気いいんだよ**

24
Q 彼女いない歴は？
A **……**（無言）

25
Q 好きなセクシータレントは？
A **壇蜜さん**

26
Q 負けず嫌い度は？
A **甲子園100％ 甲子園以外0％**

27
Q エッチ度は？
A **100％**（編：笑）

28
▼Q ラガーさんが女だったらどんな女性？
A **尽くす女性**

29
▼Q 1番会いたい人は？
A **元気な頃のおふくろ**

30
▼Q 最近ビックリしたことは？
A **トレーナー姿（私服）で巣鴨歩いていたら声をかけられたこと**（編：私服!?）

31
▼Q 子供の頃、苦手だったものは？
A **ワンワン吠える犬**

32
▼Q 現場で悩んでいる高校野球の監督に一言
A **迷うならやるな！**

33
▼Q ファンの人に一言
A **すいません、ただテレビに映ってるだけなのに……**

34
▼Q 自分に1番期待していることは？
A **本が出たらいろんな人に恩返しができる**

35
▼Q 感謝の気持ちの伝え方は？
A **ラガーさんタオルを配ること**（編：非売品だそうです）

36
▼Q 観戦中、過去最高に具合が悪かった思い出は？
A **ないね。インフルエンザもないし、風邪もひかない**

37
▼Q 占いは信じる？
A **信じちゃうから見ない**

38
▼Q 球場で並んでいる時の暇つぶし法は？
A **雑誌の「野球太郎」を読む**

39
▼Q 1日休みがあったら何をする？
A **野球**

40
▼Q 10日あったら？
A **野球**

41
▼Q 1カ月あったら？
A **野球**

42
▼Q ラガーさんの野望は？
A **レギュラー番組を持ちたい**（編：初耳！）

第5章　ラガーさん、冬の陣

紙上ラガー体験!

東京⇔甲子園
所持金5万円の旅

ラガーさんと行く、冬の甲子園

高速バス、野宿、最前列席の感動……。
さまざまな思い出と共に歩んできたラガーさんの14年間に触れるため
〝甲子園入り〟の定番、高速ハズ移動に密着した。
ともに体験することで見えてくる
独自の「ラガーワールド」がそこにあった。

出発の1時間前に到着したラガーさん。甲子園入りの時は必ずお土産を持っていく。選んだのは「もんじゃ焼きせんべい」

「今日は空いてるね」。いつも乗るのは「青春昼特急9号」。春と夏の利用時はほぼ満席になるとか

START

東京駅

10:10

車内はトイレ付の４列シート。これが最安値の席のクオリティ。「あと2000円出せば3列シートなんだよ」

乗車券を確認「２階の最前列」の席をゲットするため、普段は１カ月前に予約をするそうだ

【10時10分】東京駅八重洲口

新幹線はぜいたく。だから、バス

「ラガーさんと行動を共にしてみたい」。そんな願望を実現すべく、1月某日、東京駅八重洲口バスターミナルでラガーさんと待ち合わせた。「はいチケット。ええ、これが1番安いんだよね。夏は混んでるから1カ月前に予約するんだけど、今回はすぐ買えたよ」「なんだかんだ言ってもバスが1番楽なんだよね」。興奮気味のラガーさんから渡された大阪行きのチケット、その名も「青春昼特急9号」。片道４０００円という破格の安さに驚く。

東名向ヶ丘
10:40

東名江田
10:43

キャンセルが出たため、最前列に移動。「ラッキーだね」。ここからの見晴らしは最高です

インターネットを使ったことがないラガーさんは、毎回このチケットを新宿の窓口まで買いに行くそうだ。「バスだとね、途中いろんな景色が見られるでしょ？そこがいいんです。富士山も通りますよ」。片道約1万3000円の新幹線を「ぜいたく品」と言い切るラガーさん。約9時間かけて行く旅は「景色をゆっくり楽しめる」という点がおススメらしい。10時10分。4列シートの2階建てバス「青春昼特急9号」がゆっくりと動きだした。

足柄SA

11:35

最前列席から、いろいろ実況してくれるラガーさん。「これは富士市立高校ですね。戸栗和秀監督ね」とプチ情報入り

足柄SAに到着。小雪がちらつく寒い日となったが、甲子園に向かうラガーさんのテンションは熱い

【11時35分】足柄SA（静岡県駿東郡小山町）

静寂をやぶる独り言。SAでのこなれた行動

ラガーさんはバスの座席も「最前列」を取るそうだ。この日は先約済みだったが、当日のキャンセルか何かで空席に。車内アナウンスで「移動はご自由に」と流れると、無言で最前列に移動しスポッと座席に収まった。車内は学生っぽい若い人（男子多め）を中心に4割程度の乗車率。ラガーさんが利用する（春休み・夏休み）時期はほぼ満員なのだとか。

この日は「うん。そうだね。いい本つくりたいよね」とブツブツ独り言を繰り

ラガーさんの目線から見る景色はこんな感じ。本も読まず、寝ることもせず、ひたすら前だけを見ていた姿に脱帽

返していたラガーさん。たぶん出発してから30回以上同じことを言っている。車内はネットカフェのように静かで、ナイロン製の服がこすれるササ……という音くらいしかいない。そんな中ラガーさんの上機嫌な独り言だけが延々と続いていった……。

乗車から約1時間半、足柄SAに到着。20分の休憩となった。意外と早く休憩が来たことにビックリ。外気は小雪がちらつく気温3度。SAにはスターバックスコーヒーがあったが、ラガーさんは全く見ずにスルー。ファミリーマートに直行した。余計なものは買わない。120円の缶コーヒーと、コーンスープだけ買っ

浜名湖SA

13:48

浜名湖SAに到着。悪天候で富士山は見えなかったが気を取り直して旅は続く。寒いのでラガーマフラー登場

て車内へ。お昼の時間だが「今は、いい」。なんだか自分の世界に入っているようだった。正直、さっきからつっこみどころは満載だが、静かに観察を続けた。

【13時48分】浜名湖SA（静岡県浜松市）
富士山が見えない！その時ラガーさんは？

「チッキショー、富士山見えないよー」。「チっ」という舌打ちがハッキリ聞こえた。え、ラガーさんが舌打ち!?　あの温厚なラガーさんが、曇り空を見た瞬間ふつうの「愚痴オッサン」に変貌したのだ。富

席に戻った瞬間「会ってください。個人資産196億持ってます。アキコ」の迷惑メール。「すごいね、この人お金持ちなんだね」

美味しそうな特産グルメには目もくれず、出店の前をスルー。「食べると緊張感がなくなるからね」。ストイック！

士山、確かにどこにも見えない。この旅の楽しみの半分くらいを占めていた富士山が見られないということで、ラガーさんはゴキゲン斜めの様子だった。しかし、写真などを撮っているうちに機嫌が直り「何年か前ね、ここ（浜名湖ＳＡ）で東海大翔洋の野球部に会ったんだよ。遠征行く途中だったみたい」と、穏やかなラガーさんに戻っていた（よかった）。それにしてもＳＡには美味しそうな食べ物がたくさん売っている。昼食に悩む。浜名湖ギョウザ。富士宮やきそば。浜名湖はんぺん（タコ味）。車内でのニオイを考えてはんぺん（３００円）を買った。

一方、ラガーさんは数々の魅力的な出店

最前列の席は一人のものではない。左には学生のような乗客が座っていて、ラガーさんの独り言に反応していた……

を相変わらずスルー。「食べると緊張感なくなるから」。この取材用に気持ちを整えているようだ（ストイック！）。「3月（センバツ）もまた来るし、もう何回もここには来てるから」。なるほど。いかにも「青春昼特急9号へビーユーザー」らしい一言。出発から3時間が経過するとさすがにヒマになってくるが、ラガーさんは何も食べず、本も読まず、眠ることもせず、ただひたすら景色だけを見ていた。甲子園の最前列で観戦するラガーさんの姿そのもの。見習って退屈と戦うことにした。

甲南PA

16:00

「いまんとこ順調ですね。渋滞で遅れる時もあるからね」。順調なここまでのバス走行にガッツポーズ

甲南PAに到着。いよいよ関西圏に突入だ。首に巻いている自作の「ラガーさんタオル」には「観戦魂」

【16時00分】甲南PA（滋賀県甲賀市）

長時間同じ姿勢でも大丈夫！

　2時間ほど走行を続け、滋賀県の甲南PAに着いた。看板に「忍者の里」とある。あたり一面は林だった。ラガーさんの「PAショット」を撮り売店へ。ひこにゃんグッズを手に取り「これ何？」。知らないらしい。ゆるキャラで知っているのはバリィさん（今治市）と、ふなっしー（船橋市）だけだそうだ。

「これ美味しいんだよ！」。突然、エビせんべいを2つ購入。ここまで、あんなに財布の紐が硬かったのに急になぜ？

お昼ご飯も食べない（買わない）ラガーさんだったが、エビせんべいにだけは強いこだわりがあったようだ

前回「甲南PA」で購入して気に入った「エビせんべい」を２つ購入。滋賀…エビ……。なにか関係があるのかは不明

聞くと1カ月前、タイガースカップ（甲子園）に行った時ここでエビせんべいを買って食べたところ美味しかったそうだ。無駄遣いはしないが、コレと決めたものは買う。これがラガーさんスタイルなのだろう。

それにしてもここまで6時間が経過。狭い座席で同じ姿勢でいるから腰が痛くなってきた。ラガーさんはと言うと全く平気な様子。「もうすぐ瀬田工のグラウンドが見えますよ！」と、西崎幸広投手（元日本ハム）の母校を元気に教えてくれた。そうだよな……。甲子園で観戦する時は狭い観客席で12時間近く同じ姿勢でいるのである。そう考えると9時間て

京都駅

17:15

千里ニュータウン

17:42

京都に着く頃には日も暮れてきた。ロンドンの2階建てバスを思わせるこの景色もそろそろエンディングに

いどのバスの旅なんて大したことないのだろう。改めてラガーさんのやっていることの凄さに感心した。

【17時15分】京都駅烏丸口

街に降りても意識の高さは健在

バスはいったん高速を降り、外環状線を走行。車道の両脇には、巨大すぎる「餃子の王将」店舗など、東京では見られない光景が続いていく。セブンイレブンではなく、ローソンの比率も多くなってきた。街の中を通り抜けると京都タワーが目の前に登場。京都駅に着いたのだ。乗

大阪駅

19:05

「いやぁ～確かに面白い生活してますよね。甲子園で野宿だなんて」。大阪駅で突然、自分の話を語りだした

客の半分くらいはここで下車。特に交流があったわけではないが、今日1日7時間くらい共にしている人たちがバスを出ていくときは少し寂しさがこみ上げた……。ラガーさんは最前列で意識を高めていた。

【19時05分】大阪駅ＪＲ高速バスターミナル

アナウンスより先に察知する、ラガー時計

ほぼ定刻通りにＪＲ大阪駅に到着。東京を出発して約9時間。飛行機ならカナダのバンクーバーに行けちゃう時間をこのバスの中で費やした。長かったような

大阪駅の帰宅ラッシュの中を、スルスルと歩いていく。慣れた足取りは、まるで関西在住の人のようだった

短かったような……。何とも言えない達成感がこみあげてきた。「お疲れ様でした」とラガーさんに言うと「着いた着いた！」と、独り言を連呼しながら今日1番のテンション。この長いバスの旅を、ラガーさんは最低でも年4回、10年以上行っているのか。いわば「通学路」みたいなものだろう。その証拠にPAに着く時間をほとんど把握していて、車内アナウンスが流れる「前に」教えてくれた。このあたりのラガー体内時計の正確さにも驚かされた。

さて、大阪駅は帰宅ラッシュで混雑していたが、大きな荷物を抱えていてもラガーさんはスルスルと人混みの間をすり

阪神電車に乗り換えて甲子園へ（片道260円）。19時過ぎ。さすがにこの時間から甲子園球場に向かう人はいない

抜けて行った。ラガーシャツと、蛍光色の帽子が抜群に目立っているが、そんなことはお構いなし。阪神電車の中でもずっとしゃべっていたが、周りの人の声も大きいので目立たない。さすが関西だ。大阪はラガーさんに優しい街だと思った。

甲子園球場

19:30

19時27分、阪神甲子園駅に到着。10時10分に東京を出て9時間17分の旅を無事に終えられて感無量といった様子

【19時30分】甲子園球場

野宿は3、4日で馴染む。今日は仲間がいなくて寂しい

寄り道を一切せず、大阪駅からまっすぐ阪神甲子園駅へと向かったラガーさん。東京を出発してから、何も食べていないが、そんなことは全く気にせず一心不乱に歩いた。7時30分に甲子園球場に到着。ドサッと荷物を下ろして一言。「いや〜、着いたね」。その一言に全てが集約されていた。本番（春夏の甲子園期間中）は開会式リハーサルの前夜に「現地入り」する。荷物をいったん「大力食堂」（P136）に預けて野宿生活が始まるのだ。

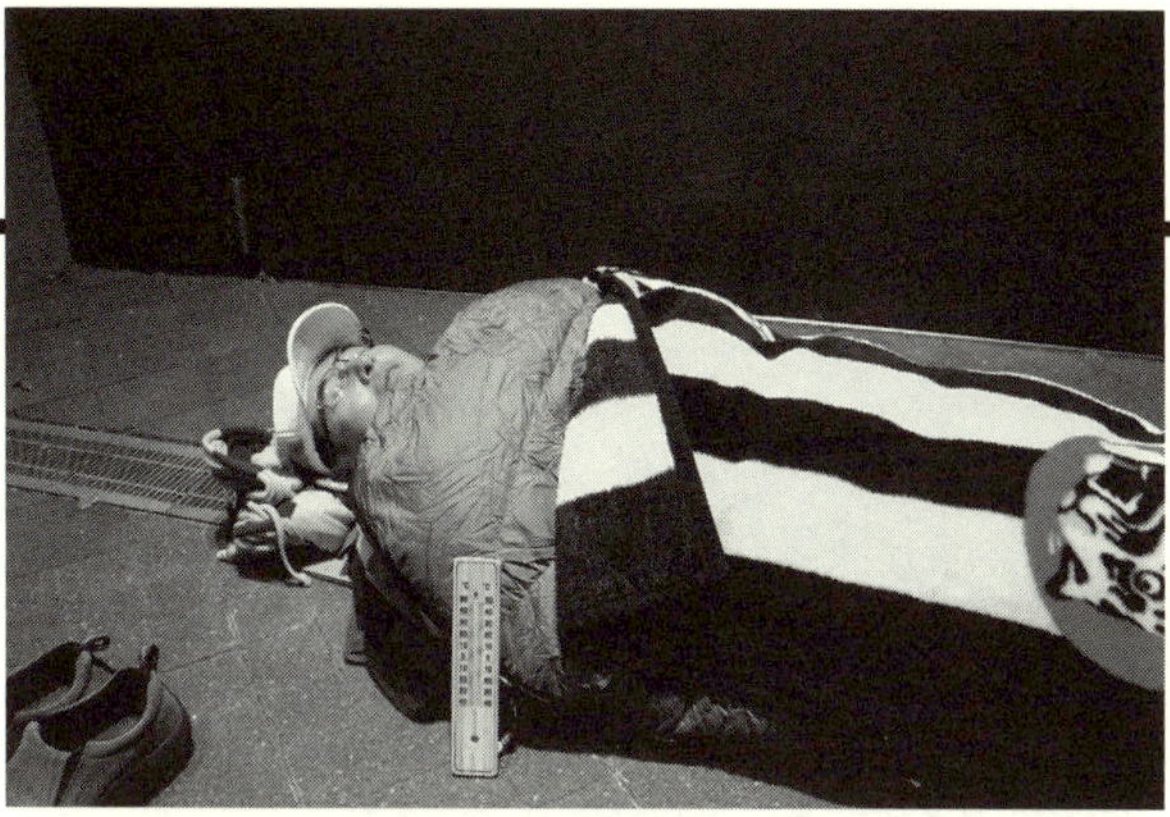

いつものように、8号門前に「寝床」をセッティング。気温は10度。「センバツに比べたら寒くないよ」。おやすみなさい……

愛用の「THE NORTHFACE」の寝袋で約10年前から野宿を続ける。因みにこの日の気温は10度。センバツ中は5度という日もあるそうだ。「最初の2年くらいは恥ずかしかったけど、もう慣れたね。野宿も初日はキツイんだけど、3、4日経つと体が馴染んでくる。そうなったらもう最後までつっぱしるのみだね」。そういいながら8号門前で「寝支度」を始めた。「いつもは仲間がいるからいいけど今日は寂しいね」。……いろいろあった1日だったが、最後に思った。こんな生活、真似したくても絶対ムリ！

そんな叫びには全く耳をかさず、ラガーさんの夜は更けていく。（完）

右がおふくろです。社交的
で明るくて、近所でけっこ
う人気があったんですよ

第6章　母の死

体が丈夫で、優しくて。
静かに見守ってくれた母でした

最後に、僕のラガー活動を陰から支えてくれた、母・貴美子のことを書こうと思います。

実は、２月17日の月曜日の深夜。23時45分。

一心病院の病室でおふくろが息を引き取りました。82歳でした。

３日前、東京に記録的な大雪が降った後でした。おふくろの体にも少なからず負担があったのかなと思います。本の完成まで、あと１週間というタイミングでした。あと１週間、なんとか頑張ってもらって、完成した本を見てもらいたかったのですが。とても残念です。

おふくろの容態が急変したと病院から連絡があり、僕が病院に着いた約3時間後に、静かに天国へと行きました。最後はとても安らかで、眠るような表情だったので、それは本当に良かったと思いました。

おふくろは一昨年の8月に脳梗塞で倒れ、1年6カ月、ずっと寝たきりの状態でした。意識もなく、点滴だけで生きていました。つまり、植物人間の状態だったのです。点滴だけで生きているなんて、おふくろの生命力はすごいなと思っていました。僕の体が丈夫なのも、母ゆずりなのだと初めて気づきました。病院は自宅から1番近い「一心病院」さんにお世話になっていました。毎日、朝と夜、おふくろの顔を見に行くのが僕の日課でした。手足をマッサージしたり、顔をふいたり。意識のないおふくろは、まぶたを小さく動かすこともできなかったけれど、僕が行くと喜んでくれているようにも思えました。そんな毎日が1年6カ月続いていました。

この本のお話を頂いた昨年の12月。実はおふくろの症状がよくなくて、いつ死んでもおかしくないという状況でした。そんな中だったので、正直、本の話も迷ったのですが「リュウイチ、これはチャンスだよ、せっかくのお話なんだから、受けないと！」と、言ってくれているじゃないかと思ったのです。編集の方と、おふくろの状態を見ながら執筆を進めよう。無理のない範囲で。もしも何かあったら、発売はいったん延期しよう。そこまで言って下さり、本の発行を決意することができました。毎日おふくろが生きていてくれていることを確認しながらの執筆は、大変な部分もありましたが、頑張ることが心に一つ、あったお陰で、僕もなんとかやっていけたように思います。マザコンと笑われるかもしれません。でもやっぱり男の僕にとって、母親の存在は特別でした。

幼少の頃から、一つも怒らない優しい母親でした。僕のやることをなんでも「いいよ」と言ってくれました。オヤジが厳格な人だったから、僕のやること、野球観戦に熱中することを静かに見守ってくれていたのだと思います。長男だし、後継ぎだし、本当はいろいろ言いたいこともあったと思うけど大地のように大らかで、穏やかで、優しいおふくろは、いつも黙って見守ってくれました。「親が甘いから、そんなんになっちゃったんだよ」と言う人もいました。そうかもしれません。もっと僕がしっかりしていれば……。後悔しても遅いけど「おふくろ、ゴメン」としか今は言えません。

本ができる頃は気候も温かくなる。きっとその頃には、おふくろの容態は安定するだろう。そんな希望を持って、本の執筆に向かっていただけに、本当に残念でなりません。今まで、ろくに親孝行をしてこなかったバカ息子なので、この本がせめてもの供養になればいいなと思っています。

先に逝ったオヤジと、ゆっくり、仲良くやって欲しいなと思います。

そして天国から、これからも僕のことを優しく見守っていて欲しいです。

あとがき

本の出版が決まった時に「これで自分の野球観戦人生の証が残せるな」と思いました。今までいろいろな取材を受けてきましたが、なんとなく不完全燃焼というか、何かこう……、自分を出せていない部分がありました。この本を出すことになり、今まで自分のやってきたことをふり返るきっかけになりましたし、文を書きながらお世話になった人の顔を一人づつ思い浮かべることができました。こんな機会を与えて下さったオークラ出版、ならびにデュマデジタルスタッフの方に感謝申します。

最後の原稿を書き終える前に息を引き取ったおふくろには、この本がいい供養になったと思います。最後の「恩返し」ができたんじゃないかなと思っています。本当は、おふくろの病気の話は書かないつもりでした。「いつも明るいラガーさん」、「テレビに映ってる変なオッサン」というイメージは壊したくなかったからです。でもやっぱり……。書いてしまいました。スイマセン。皆さんがお母さんのことが大好きなのと同じくらい、僕もおふくろが大好きだったんです。

もうすぐ春が来て、今年も甲子園でセンバツ大会が始まります。

この2年で両親の死に直面し、楽しく野球が見られることがどんなに幸せなことかを痛感しています。ネット裏で一緒に観ていた仲間の中には、病気や亡くなった人もいます。1995年には阪神淡路大震災が、2011年には東日本大震災がありました。甲子園大会をこれからも見続けていく幸せが、あと何年続くだろうか。それは誰にもわかりません。

でも僕は、甲子園のA列73番の席で1日でも長く観戦を続けていきます。あの席にいられるだけでいいんです。僕を見た人が、笑おうが、呆れようが、僕には関係ありません。……スイマセン、それが僕の生き方なのです。本を買ってくれた方、いつも応援してくれる方、最後まで読んで下さった方。見守ってくれている方。ありがとうございました。これからも、「ラガーさん」をよろしくお願いします。

観戦魂

善養寺隆一

ラガーさん―ぬり絵

ラガーさんのラガーシャツの色を「観察」し、ぬってみよう。
（くれぐれも、暇な人限定）

memo

memo

memo

memo

memo

memo

memo

memo

memo

memo

memo

memo

memo

memo

memo

memo

memo

memo
memo

memo

memo

memo

memo

memo

memo

memo

memo

memo

memo

memo

memo

memo

memo

memo

memo

memo

memo

memo

memo

memo

memo

memo

memo

memo

memo

memo

memo

memo

memo

memo

memo

memo

memo

memo

memo

memo

memo

memo

memo

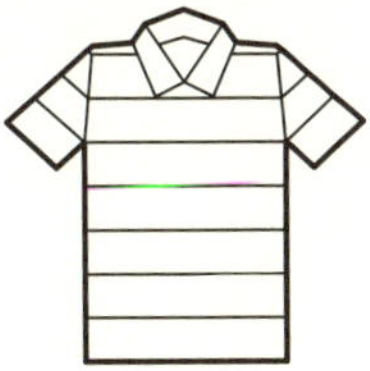

memo

memo

memo

memo

memo

memo

memo

memo

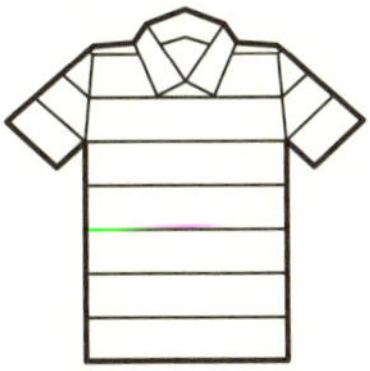

memo

memo

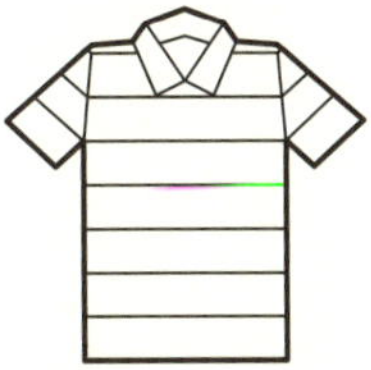

memo

memo

memo

memo

memo

memo

memo

memo

memo

memo

何か自由に書いてもらいましょう

ラガーさんサイン帳

善養寺隆一 ＝ラガーさん
（ぜんようじ　りゅういち）
1966年8月13日、東京都豊島区生まれ、48歳。都内在住。独身。小学校から野球を始め、中学時代はライトでレギュラーとして活躍。左投左打。都立文京高校に進学した後、選手生活に別れを告げ野球マニアの道に進む。父が起業した「あかぎ印刷」に18歳のときに就職。1999年から、春の選抜、夏の選手権大会全試合を甲子園のネット裏最前列で観戦。黄色い帽子とラガーシャツがトレードマーク。夢は都立文京高校をネット裏で応援すること。

［STAFF］
構成・聞き手　樫本ゆき
制作進行　天花寺宏樹
装丁・デザイン　さかせがわてつや（テットボトル）
イラスト　篠田賢典
写真協力　㈱日刊スポーツ出版社／長浜耕樹／松橋隆樹
企画・制作　有限会社デュマデジタル

書名　甲子園のラガーさん
2014年4月8日　初版発行
著者　善養寺隆一
発行人　長嶋うつぎ
発行所　株式会社オークラ出版
〒153-0051　東京都目黒区上目黒1-18-6
電話　03-3792-2411（営業部）
03-5766-5201（編集部）
http://www.oakla.com/
印刷・製本　株式会社光邦

Printed in Japan
ISBN　978-4-7755-2229-5